GIUSI

UN CORPO DI DONNA

MONDADORI

a Grazia

Prima edizione marzo 1997
Stampato presso la Arnoldo Mondadori Editore S.p.A.
Stabilimento Nuova Stampa Mondadori, Cles (TN)
Printed in Italy
ISBN 88-04-42617-9

PRIMA PARTE

... Si lavò i denti con cura

e si guardò allo specchio. Era diventata veramente abile: pelle e occhi non mostravano alcuna alterazione, nessun arrossamento, nessuna lacrima da sforzo. Basta con le nausee e i malesseri: tutto passato, come passato era il tempo in cui stava male in macchina.

Se la ricordava bene quella sensazione collosa che le impastava la bocca, l'odore di benzina-motore-e-rivestimenti dei sedili che le aggrediva il naso e le urtava lo stomaco. E la gran voglia di aria fresca sulla faccia. Fosse almeno riuscita a non respirare per l'intera durata del viaggio... che per lei, qualunque fosse la meta, era sempre un tormento.

Aveva incominciato a non stare piú male, improvvisamente, in quinta elementare, alla gita scolastica. Erano andati alle Isole Borromee, sul Lago Maggiore. Aveva cantato tutto il tempo, anche sul battello. Le era venuto spontaneo, ed era stata bene.

Di solito, invece, in viaggio se ne stava muta e incollata al finestrino, concentrata solamente sul pezzo di tubo che le congiungeva stomaco e bocca.

— Distraiti, parla — le consigliava sua madre — non fissarti sull'idea della nausea, se no poi ti viene sul serio e va a finire che vomiti tutto... Guarda Mauro, che non sta male neppure se lo mettiamo a testa in giú. — (Mauro era suo fratello, piú grande di lei di cinque anni. Mauro era tutto quello che lei non era.) — ... Chissà da chi hai preso, nessuno in famiglia sta male in macchina.

Resisteva, resisteva piú che poteva, ma succedeva ogni volta: di colpo perdeva il controllo. E vomitava. Vomitava e si vergognava.

Che sollievo sarebbe stato vomitare, insieme al cibo, anche se stessa! Ma forse era proprio quello che succedeva, tanto forte era la sensazione di essere tutta nella gola, di stare intera nella bocca e di venir poi buttata fuori. Sentiva il cuore arrivarle fin sulle labbra e poi ritornare giú, per essere affannosamente risospinto in su. Su e giú, su e giú, e lei impotente a fermarlo.

— Come al solito. Sei un disastro. E senti che puzza... quasi fa vomitare anche me! E impara almeno ad arrangiarti con i sacchetti!...

L'aveva ancora nelle orecchie, il tono stridulo della voce di sua madre. E quei maledetti sacchetti che aveva dovuto imparare a prepararsi da sola: dentro un sacchetto del pane ne sistemava uno di plastica, rivoltandone i bordi all'esterno, in modo che non lasciasse intravedere o filtrare il suo disgustoso contenuto. Ad ogni viaggio, doveva portarsene dietro almeno tre o quattro... che schifo...

Adesso, invece... Ormai era quasi un riflesso automatico, indolore e facile da controllare. Ora il vomito non la coglieva piú di sorpresa, in un luogo poco adatto o in un momento inopportuno. Era lei a dominarlo. E la cosa le dava una soddisfazione che assomigliava al benessere.

Dopo, infatti, si sentiva come liberata, leggera. Al punto da concedersi di pensare che anche lei era capace di vivere come tutti gli altri, che anche lei era degna di stare al mondo, dal momento che la linea del suo corpo, vista di profilo, era quasi diritta, priva di sgradevoli e vergognosi rigonfiamenti.

Se solo non fosse stata perseguitata da quel senso di vuoto, da quel buco nello stomaco che continuamente reclamava di essere riempito, colmato, messo a tacere.

A volte riusciva a tenerlo a bada per ore, anche per tutto il giorno. Ma di notte... Di notte si svegliava con una fame addirittura dolorosa. Allora si alzava e andava in cucina. Cominciava con una zuppa di latte e biscotti e, mentre la ingoiava, sentiva gli spigoli del mondo arrotondarsi, i vuoti del cuore colmarsi. E quando latte e biscotti le avevano riempito lo stomaco al punto che ormai avrebbe dovuto vomitare per forza, apriva il frigorifero e ingurgitava di tutto, attenta solo a non lasciare tracce troppo vistose per non insospettire la madre. Sottaceti, pezzi di formaggio, fette di salame, eventuali avanzi, ditate di salse in vasetto, yogurt.

Mangiare non la rendeva felice. Però la placava, cancellava l'angoscia.

Solo vomitare la faceva stare bene quanto mangiare.

Quando sentiva che non avrebbe piú potuto ingoiare neanche un'oliva, allora, di colpo, tutto quel cibo dentro le diventava insopportabile, un'occupazione indebita, una cosa rivoltante.

Doveva liberarsene immediatamente, ritornare indietro, a quando aveva fame.

Perché a quel punto "sentire fame" le sembrava qualcosa di nobile e di superiore, un obbiettivo da raggiungere, la rassicurante conferma di non avere niente dentro, niente di estraneo che potesse renderla piú rotonda, piú tanta, piú pesante. E poi sentirsi pieni è soffocante e spregevole, e la sazietà è volgare.

I sazi non hanno anima, gli affamati non hanno che quella.

A volte resisteva anche per qualche giorno. Mangiava verdure scondite, gallette integrali e tazze di acqua calda non zuccherata. Le era piú facile digiunare o seguire diete da lager, che controllarsi davanti al cibo messo in tavola per tutti. Per questo, alle ore dei pasti, se appena era possibile cercava di non sedersi a tavola con gli altri, preferiva chiudersi in camera.

Era un piccolo sforzo, a fronte della grande soddisfazione che si sarebbe potuta concedere piú tardi. Aver saltato il pasto avrebbe dato alla sua fame tutt'altra dignità e il diritto di essere soddisfatta, senza limiti. Ma lo faceva comunque di notte e di nascosto, come le cose di cui ci si vergogna.

Le reazioni del padre e della madre non la toccavano granché. Sentirli parlare dei suoi digiuni le dava una sensazione ambigua, di piacere e di fastidio insieme.

— Non è normale che faccia cosí — cominciava suo padre.

— Tutte le ragazze lo fanno, prima o poi — lo tranquillizzava sua madre. — Hanno tutte la mania della dieta, alla sua età.

— Ma questa non è dieta, questo è digiuno! — insisteva suo padre. — Quella prima o poi casca per terra...

... e tu non vuoi che mi succeda una cosa simile, vero, papà?...

— È impossibile morire di fame in una casa dove il frigorifero è pieno e il cibo non è tenuto sottochiave — ribadiva con sicurezza sua madre.

... eccola, la cara mammina, sentila...

— E se anche perde un po' di cellulite sulle cosce, non le fa certo male. Se poi le aumentasse un po' il seno, diventerebbe quasi una bellezza...

... Odiosa ...

A quel punto si mettevano a ridere. Insopportabili. E l'accenno al suo seno, con padre e fratello grande che ascoltavano, la faceva avvampare. Macché complessi... piuttosto, avevano mai parlato allo stesso modo, lei presente, del "coso" di suo fratello?

Appena liberavano la cucina ci si fiondava lei, ficcava la testa in quel che le sembrava mangiabile e via. Non aveva regole: l'importante era mettere in bocca e mandare giú, all'infinito.

Avrebbe voluto essere un tubo. Un buco per immettere e un buco per emettere, in diretta comunicazione, senza soste intermedie. E invece no, il cibo non usciva mai alla stessa velocità con cui entrava. Per fortuna c'era il vomito.

Perché quel senso di pieno, quella sazietà che la gonfiava e metteva in evidenza stomaco e pancia, costringendola a slacciare i jeans e a mimetizzarsi in maglioni-piroscafo e camicie-veliero, la faceva stare malissimo. Le opprimeva il cuore, le faceva venir voglia di stare sempre seduta o di muoversi sempre al riparo di qualcosa, in modo che gli altri la vedessero soltanto dal collo in su e notassero solo le braccia, che aveva lunghe, leggere, aeree. Lí, solo lí, il cibo non si fermava. Le sue braccia erano belle. Erano le sue ali. Avesse potuto cancellare il resto del suo corpo, avrebbe volato.

E allora se ne sarebbe andata da tutto. Tanto nessuno se ne sarebbe accorto in tempo per trovarla e riprenderla.

Fosse almeno stata capace di ballare. Sarebbe stato un po' come volare.

Ma avrebbe dovuto essere perfettamente magra. Il body non perdonava neppure un grammo in eccesso.

— Ma ti sei guardata, almeno... — aveva commentato sua madre con un sorrisino, entrando in camera sua senza permesso proprio mentre se ne stava provando uno. — Hai il classico fianco ossuto della ballerina, non c'è che dire!...

Sua madre

era bella. Aveva passato i quaranta, ed era molto piú bella di lei che ne aveva tredici, quasi quattordici. Si permetteva gonne attillate, lunghe con lo spacco o corte sopra il ginocchio, jeans stretti e golfettini aderenti.

Dalle gonne le uscivano ginocchia forti e rotonde, gambe non eccessivamente lunghe ma ben disegnate, con le caviglie svelte e il piede magro. Il sedere era sodo e anche il seno, piuttosto grosso e portato senza imbarazzo, il collo era slanciato e reggeva la testa ben fatta con eleganza, come una colonna regge una scultura.

Il corpo di sua madre.

A volte avrebbe voluto che il suo, crescendo, diventasse come quello.

Altre volte, la sola idea di avere un corpo di donna, perfettamente di donna, completamente di donna, come quello di sua madre, la angosciava e le toglieva il respiro. Non sarebbe mai riuscita a portarlo in giro, un corpo come quello, e neppure a farsi portare in giro da lui.

Provava i vestiti di sua madre, di nascosto. Nella camera dei suoi genitori c'erano tre specchi, contando anche "la psiche", uno specchio ovale, lungo e stretto, mobile. Lei li metteva in modo da potersi guardare contemporaneamente davanti, di dietro e di fianco.

Poi indossava un vestito dopo l'altro, scarpe col tacco comprese.

Camminava avanti e indietro, si guardava, si metteva una mano sui fianchi e si guardava, le mani in tasca e si guardava. Poi, tutto d'un tratto, si piegava in avanti e cacciava la lingua fuori. Non era una presa in giro affettuosa, era disgusto allo stato puro. Si toglieva con furia quello che aveva addosso e correva a chiudersi in camera, a buttarsi sul letto. A volte piangeva fino ad addormentarsi tra le lacrime. Nel naso l'odore di donna di sua madre.

Morbido, caldo, muschiato, ombroso, notturno, un odore rotondo e buio, dove sprofondare le dava i brividi.

Da piccola, doveva avere tre anni o poco piú, una notte le era venuto mal di pancia, cosí forte che si era svegliata piangendo. Siccome non le passava, sua madre... «Vieni...» aveva detto piano, e l'aveva presa nel lettone e se l'era sdraiata addosso, facendole appoggiare la pancina dolente sulla sua, la faccia sprofondata nel seno. E lei aveva sentito il dolore andarsene, scacciato da quel piccolo spazio di perfetta armonia che era la sua pancia appoggiata a quella della mamma, come due mani giunte. Nel naso e sulla pelle lo stesso odore di ora. Che allora le si era avvolto addosso come una seconda pelle nella quale si era presto addormentata, perfettamente felice.

Lei invece non aveva ancora nessun odore. Al massimo puzzava, quando sudava o dimenticava di lavarsi.

Lei non aveva niente che la facesse rassomigliare a sua madre. E il suo corpo non sapeva odorare.

E poi c'erano i capelli.

Sua madre li aveva biondi, biondo scuro, come il miele di castagno, lisci, morbidi e a onde larghe. Li portava sciolti solo quando li aveva lavati e doveva farli asciugare, altrimenti li raccoglieva. Le bastava puntarli con un pettine e le si acconciavano attorno al viso come una nuvola luminosa, liberandole la nuca, bianca, tenera. Era bellissima.

E bellissima era quando, immersa nella lettura, sollevava un braccio e, con un gesto ampio e tranquillo, toglieva il pettine per sciogliere il nodo dei capelli raccolti.

E a lei veniva voglia di fuggire, di nascondersi, di sparire in un punto invisibile da dove guardarla senza essere vista.

I suoi capelli, invece. Una massa indomabile, riccia e castana. Il peggio. E quando qualcuna di quelle vecchiacce che si consumano la bocca a furia di criticare e di complimentarsi esageratamente – non mancano mai, tipe del genere, tra parenti e conoscenti – le miagolava: «Ma che meraviglia di capelli! E quanti! Non dirmi che sono naturali! Che fortuna!»

«... Certo, per una barbogia come te, con quei quattro ricciolini violetti che non bastano a nasconderti la peleta...» ruggiva lei dentro di sé, cercando di reprimere l'istinto di centrarla in un occhio con uno sputo, per sparare fuori tutto il disagio di quei capelli ricci, tanti, indomabili e castani.

E poi, ormai aveva capito che quando ti lodano solo per una cosa, i capelli per esempio, lo fanno perché è impossibile lodare tutto il resto.

Come quando dicono che sei simpatica, o intelligente.

Il vero messaggio, urlato sotto le moine, è che NON sei bella, non abbastanza bella. Bella e basta. Che altro ti serve, se sei bella? Tutto il resto è un di piú. Il compito piú importante e difficile l'hai assolto. E puoi anche vivere di rendita.

Ogni lode ai suoi capelli era la riconferma che lei non andava, anzi, che era brutta da far schifo, orrenda, l'orrendo orrore dell'orrendezza orrenda...

— Mauro è bello bello, vero mamma?

Era piccola, quattro o cinque anni, camminava dando la mano a sua madre, la sera era chiara e la luna piena teneva lontana la notte.

— Sí, Mauro è bello bello — aveva risposto sua madre.

— Io non sono bella invece — era andata avanti lei.

— Ma che cosa dici. Tu sei carina, molto carina.

— Ma tu vuoi piú bene a lui — aveva proseguito lei,

no, non con aria di sfida, ma come si trattasse di una constatazione, nient'altro.

Le era arrivato uno scapaccione. Ogni volta che ci ripensava, si sentiva ancora bruciare la guancia.

— Stupida! — aveva aggiunto sua madre. — Le mamme vogliono bene ai loro bambini nello stesso modo, non fanno ingiustizie. Non dire mai piú una cosa simile!

Una nuvola spuntata da chissà dove aveva improvvisamente oscurato la luna:

— E adesso allunga quelle gambe e muoviti, non vedi com'è buio?!

Era davvero arrivato di colpo, il buio.

Adesso poi sarebbe arrivata l'estate

con la fine della scuola, e le vacanze. Non è che a lei piacesse la scuola, è che odiava le vacanze. Dall'anno precedente, e cioè da quando i suoi genitori avevano avuto la geniale idea di trasferirsi fuori città, in campagna, alla periferia di quel paese qualunque, innominabile...

— ... La vita là è piú sana, l'aria pulita. Avremo una stanza per ciascuno e anche una per gli ospiti. E poi la villetta si può dividerla in due, cosí un domani vi ritrovate ognuno con la vostra casa. E poi avremo il giardino, l'orto, il frutteto, e la tavernetta per le feste con gli amici. Potrete invitare chi vorrete...

Palle.

A lei, l'idea di avere già adesso la casa dove abitare per sempre, la soffocava. E, per giunta, attaccata a quella di suo fratello. E anche quelle cose ruspanti come l'orto e il frutteto le davano sui nervi. Ma la vera bufala era la tavernetta per le feste con gli amici. Puoi invitare chi vuoi. Sí, chi?

Chi sarebbe mai venuto in quel posto fuori dal mondo, se per arrivarci bisognava prendere autobus e pullman e poi farsi ancora una scarpinata di quasi un chilometro su una strada sterrata. Già aveva pochi amici quando abitava in città, comoda e vicina a tutti... adesso, in quel buco lontano, nessuno l'avrebbe cercata. Il telefono, come no, il telefono, con quei due che, con la storia del mutuo, sbuffavano per ogni spesa "superflua". E le sue telefonate erano superflue per definizione, tranne quelle per farsi dare i compiti se era stata assente.

— ... Per i compiti, due minuti bastano e avanzano però!...

Bastano e avanzano, certo.

E anche la luce accesa in camera sua, la sera, era nell'elenco delle cose superflue.

— ... A che ti serve, non fai altro che sentire quella musica che prima o poi ti farà diventare sorda... Non hai da studiare come tuo fratello, che si sta preparando alla maturità!

Anche lei aveva gli esami, quell'anno. Terza media. Ma vuoi mettere con quelli di maturità?!

Sempre cosí. Quando a lei succedeva qualcosa, a lui succedeva puntualmente qualcosa di piú, di piú importante o di piú grave, di piú bello o di piú brutto, comunque di piú, e ricacciava in secondo piano quello che riguardava lei.

Anche l'acqua calda per docce e sciampi quotidiani erano uno spreco:

— ... Che bisogno ne hai, mica fai lo sport che fa tuo fratello!... La tua è una mania, doccia alla sera e doccia alla mattina, con tutti quei capelli, e poi ti si sciupano a lavarli di continuo!

... Ti si sciupano, spiritosi.

E l'anno scorso non erano neanche andati in vacanza, e lo stesso sarebbe stato quest'anno. C'era il mutuo, quindi niente soldi per il mare. Come dire niente vacanza. Che vacanza è, senza mare?

— ... Tanto qui, in campagna, è come fossimo sempre in vacanza. Si può mangiare in giardino di sera, e di notte non c'è afa. E Spuma? È da quando avevi cinque anni che vuoi un cane, e adesso che te l'abbiamo preso vuoi abbandonarlo per andare al mare? E poi ci sono i fiori da bagnare, la frutta e la verdura da raccogliere, le conserve e le marmellate per l'inverno e tutti quei lavoretti che in una casa non finiscono mai. Vedi quante cose ancora da sistemare... ma è anche un divertimento, non ti pare?

Sai che sballo. Piantare chiodi, appendere quadri, sistemare il traliccio per il pergolato, cucire le tende, montare le mensole in cantina e il barbecue in terrazza... Tutte tipiche, folli, deliranti passioni di chiunque abbia tredici anni, quasi quattordici.

Dio che palle, che palle smisurate. L'estate intera a casa, gomito a gomito con tutta la famiglia.

Con suo fratello che guai a dargli fastidio, irritarlo, contraddirlo.

— ... È in un momento molto delicato, sai, la maturità...

... Certo, continuate a trattarlo coi guanti, lui, il vostro cocchino.

Comunque, ammesso che qualcuno volesse arrivare fin lí... Con i mezzi pubblici ci voleva troppo tempo. Con la bicicletta pure e poi c'era la camionabile, troppo pericolosa. Anche per lei muoversi era un'impresa. Il motorino, manco parlarne. Non aveva ancora compiuto quattordici anni... E tutte le volte che aveva buttato lí il discorso, tanto per vedere che aria tirava, si era sentita raccontare le solite, vecchie storie: il mutuo, e poi non l'abbiamo preso neanche a tuo fratello, a suo tempo...

E che bisogno ne aveva, lui? Abitavano in città, allora! Adesso, però, a diciott'anni, tra risparmi e regali si era comprato addirittura la moto, lui. Di seconda mano, ma sempre una moto. E loro l'avevano aiutato, perché solo con i suoi soldi non ce l'avrebbe mai fatta. E guai a lei se la toccava.

— ... E perché i tuoi amici non si fanno accompagnare dai loro genitori?...

Certo, a tredici anni compiuti, quasi quattordici, farsi accompagnare dai genitori. Che cavolo di idea.

Non le interessava nessuno di quelli che potevano arrivare fin lí accompagnati dai genitori.

Quindi niente. Niente e nessuno.

— Un'estate schifosa! — aveva urlato a sua madre.

— Pazienza, te ne toccheranno di migliori... Ne hai ancora un sacco davanti a te! — le aveva risposto lei, senza scomporsi.

— Pazienza un corno! — aveva ribattuto, furiosa. — Non avete nessun diritto di fregarmi l'estate a questo modo! E non contarmi a tavola, non chiamatemi neppure! — aveva aggiunto, ancora piú forte, sbattendo la porta.

— Come vuoi. Sto facendo gli gnocchi però, forse ti interessano!

Gnocchi. La sua passione.

Ma sarebbe morta, piuttosto che assaggiarne uno solo.

In camera

si buttò sul letto e si mise a guardare il soffitto. Che rabbia. Avrebbe fatto volentieri a pugni.

Era stato quello, forse, l'unico vantaggio d'avere un fratello. Avevano sempre litigato furiosamente, fino a prendersi a botte sul serio: un vero corpo a corpo che non finiva finché tutti e due non erano esausti, o finché uno dei genitori non si metteva di mezzo per dividerli, temendo che si facessero male. Ma farsi male era bello. E per che cosa facevano la lotta, altrimenti?

Suo fratello all'inizio la trattava con qualche riguardo, in fondo era piú piccola di cinque anni e si supponeva che non sarebbe riuscita a metterlo in difficoltà.

Ma lei era peggio di una piovra e scrollarsela di dosso diventava difficile, cosí lui dimenticava che era solo una bambina e cominciava a fare sul serio. Come voleva lei.

Alla fine qualcuno piangeva, in genere lei. Ma prima di arrivare a quel punto, come le piaceva quell'inseguimento ravvicinato e furioso... come le piaceva quando suo fratello, alto e grosso com'era, l'afferrava e se la buttava sulle spalle per poi farla scendere scivolando sulla schiena, tenendola per un piede. A volte le veniva da ridere e allora la lotta diventava un gioco. Ma non partiva mai per gioco. C'era sempre un motivo molto serio che imponeva di andare all'attacco dell'altro per rivendicare la propria dignità.

Era un sacco di tempo che non faceva piú la lotta con suo fratello, pensò. In un certo senso era una cosa che le mancava, forse, o forse no, forse non le andava piú. L'idea di averlo troppo vicino le dava fastidio, e cosí l'idea di stringerlo, e che lui la stringesse. Non erano piú bambini.

E poi lui aveva intorno un sacco di tizie che lo cercavano e gli telefonavano. Anche se, secondo lei, s'era ormai perso per una che aveva visto una volta soltanto a un matrimonio di parenti, due mesi prima. Le era stato tutto il giorno appiccicato, a quella, e li aveva visti guardarsi in un modo, ai saluti...

Comunque a lei non gliene fregava niente delle morose di suo fratello, già non lo sopportava cosí, figurarsi innamorato...

Chissà se l'aveva già baciata. E se era capace. E di che cosa avevano parlato. Lui era uno sempre con la testa nei libri, o se no via in moto, o a fare sport, o a sentire musica. Diversa dalla sua, però. Gli aveva preso una cassetta, una volta, cosí per curiosità. Patty Smith. "... *and you can touch me now can touch me now can touch me now.*"[1] Le era piaciuta tanto che se n'era fatta una copia in fretta e furia e poi l'aveva rimessa a posto, prima che lui se ne accorgesse.

E poi aveva trovato una poesia in uno dei suoi quaderni... "Facemmo gli atti degli amanti..." cosí diceva... come se li sapesse, lui, gli atti degli amanti, o magari saperli sí, ma farli....

Figurarsi. Era troppo secchione per cavarsela in certe cose, e leggeva troppo, teneva troppi libri di poesie vicino al letto... Ogni tanto buttava lí delle battute fulminanti, quando gli andava, ma ci vogliono altro che le battute, per fare gli atti degli amanti.

... Ma come poteva essere sentirsi dire da qualcuno le parole, le parole almeno, dell'amore... Oh, lei sí che le avrebbe sapute trovare, e anche gli atti degli amanti li

1) "... e tu adesso puoi toccarmi, tu adesso puoi toccarmi, adesso tu puoi toccarmi..."

avrebbe saputi fare se solo… se solo qualcuno, qualcuno che lei voleva, l'avesse presa tra le braccia e avesse cominciato a baciarle le orecchie. Quando era piccola suo padre, a volte, la svegliava cosí. Era la felicità. Un sentimento che le sembrava di non conoscere piú.

Il soffitto, intanto, era sempre sopra di lei, che lo guardava, però meno furiosamente di prima. E cominciava a sentire fame, quel punto preciso di fame che le dava una specie di estasi: sapere di non avere niente dentro, non soffrirne ma goderne. L'ebbrezza della fame, non il tormento.

Il soffitto era di legno a travi. Erano andati sul rustico. Lei odiava il rustico. Anche sul pavimento, ancora legno:

— … È cosí caldo, sano, pulito, bello…

Vuoi mettere la moquette che puoi viverci sopra a piedi nudi?

— … Ah, ma la polvere e poi tutti quei parassiti e le allergie!… Nulla da fare. Niente moquette.

Il legno del soffitto ospitava strane figure. Era la prima volta che se ne accorgeva. A furia di fissarlo, era come se si fosse animato sotto i suoi occhi, alcune linee erano balzate in evidenza, tracciando disegni che raccontavano forme e figure. Il suo occhio si perse a decifrarle…

Dopo un po', guardò l'orologio, erano le due passate. Di là avevano mangiato e non l'avevano neppure chiamata… aveva ragione a dire che se ne fregavano, di lei… Magari suo padre e suo fratello avevano chiesto, ma sua madre li aveva di certo tranquillizzati:

— … Mangiamo, tanto ha detto di non contarla a tavola. Sapete com'è in questo periodo…

Si provassero a spiegarlo a lei, com'era in quel periodo, visto che lo sapevano cosí bene, loro…

Si mise in ascolto. Nessun rumore dalla cucina. Suo padre a fare il riposino, suo fratello in camera a studiare, sua madre, boh…

Bene, lo spirito aveva avuto la sua parte, adesso toccava al corpo.

In cucina fece incetta del possibile, ma non toccò il piatto di gnocchi. Sapeva che l'avevano lasciato apposta.

— ... Non mangia a tavola, ma poi!...

Quella soddisfazione non l'avrebbero avuta.

Se ne tornò in camera. Dietro di lei, a testa bassa, c'era Spuma. Spuma senza colpe, che avrebbe solo voluto giocare un po', ma aveva capito che non era aria e si accontentava di starle vicino.

Spuma, nome di festa. L'aveva chiamato cosí perché la nonna comprava la spuma per i bambini nei giorni in cui loro erano bravi, lei era buona e c'era qualcosa da festeggiare.

— Le tre cose devono coincidere però... e succedeva cosí di rado — aveva precisato sua madre quando glielo aveva raccontato, in un pomeriggio di insolite morbidezze. — Color arancio sapeva di aranciata, color rosso di gingerino... e poi c'era quella color cocacola, ma sapeva di chinotto.

Spuma, oggi il tuo nome di festa è sprecato, ma rimani lo stesso con me.

E quella sarebbe stata una domenica,

il cosiddetto giorno di festa. Valeva per il resto del mondo, ma non per lei. Domenica pomeriggio di maggio, e lei era sola, chiusa in camera, buttata sul letto, costretta a mangiare per non piangere.

Sentí aprire il garage, un motore che si avviava, la moto di suo fratello... dove andava, visto che quella del matrimonio non abitava per niente vicino...

Aveva condotto un'indagine puntigliosa, sottoponendo sua madre alle domande piú svariate sugli sposi e sugli invitati, seguendo un ordine casuale per non tradirsi. Alla fine, dopo essere passata attraverso una miriade insospettata di parenti che la legavano alla specie umana con una serie infinita di fili, si era persa nel tentativo di tracciare un albero genealogico, dove ogni ramo dava origine a sua volta a un altro albero. Se i loro bisnonni erano fratelli, in che modo erano parenti loro, adesso, e i loro figli, domani?...

Comunque, tra lo stupore di sua madre che non si capacitava di tanto improvviso interesse per la "famiglia", era riuscita a ricostruire che, sia pure alla lontana, suo fratello e lei erano un po' cugini, con quella. Che si chiamava MariLia, nome venuto dalla fusione dei nomi delle due nonne: Maria, la madre del padre e Rosalia, la madre della madre.

Si accorse di aver dato fondo alle scorte. Aveva lasciato per ultimi i wafer con la crema... no, troppo dolci, impossibile restare con quel sapore in bocca, ci voleva qualcosa di salato, ecco, il sacchetto di patatine, che sete però, un po' di succo di frutta, una lattina di chinotto... non vomitava bene se mangiava solo cibi solidi, lo stomaco faceva molta piú fatica a liberarsi. Ultimamente aveva come l'impressione che si fosse fatto furbo, il suo stomaco. Aveva imparato a digerire molto rapidamente le sostanze che lo interessavano di piú. Per questo si era imposta di controllare almeno l'ordine di quello che metteva in bocca: per primi sottaceti, mele, carote, finocchi, pomodori, yogurt, pane secco, riso bollito... Quando però cominciava ad avere la sensazione della pienezza, e capiva che non avrebbe potuto non vomitare, si lasciava andare e buttava giú quello che le capitava. Teneva per ultimi creme, mousse, gelati e cioccolato: i perfidi si scioglievano all'istante, lo stomaco li fagocitava di corsa e lei se li ritrovava già depositati nelle cosce. E sentiva di essere ingrassata, anche senza bisogno di guardarsi allo specchio. Sentiva il grasso che, dai fianchi, le saliva verso il cuore dandole un senso di soffocamento, e le scendeva verso le gambe, arrotondandola come una botte. Un vero schifo.

Andò in bagno e poi tornò a sdraiarsi sul letto. Era spaventosamente depressa.

Sentí bussare alla porta ma decise di non rispondere. Chiuse gli occhi facendo finta di dormire. Dopo qualche secondo avvertí lo scatto rallentato della maniglia. Era entrato qualcuno. Suo padre. Che ci faceva lí? Si avvicinava. Si era fermato e la stava guardando. Bene, avrebbe visto che dormiva e se ne sarebbe andato.

Invece no. Aveva visto che dormiva, ma non se ne andava. Stava lí fermo a guardarla.

Si accorse che la cosa le procurava fastidio e piacere nello stesso tempo. Si sentiva spiata ma anche protetta, scoperta ma anche difesa.

Doveva rimanere immobile, per non insospettirlo.

No, suo padre le credeva e respirava adagio per non svegliarla. E faceva un passo verso il letto, le metteva addosso un plaid leggero, con gesti lenti e silenziosi, poi andava alla finestra e spostava le tende in modo da far entrare meno luce.

Queste attenzioni per il suo sonno, anche se era finto, le fecero bene al cuore. Lei era una bambina buona che dormiva, e il suo papà le voleva tanto ma tanto bene. E proteggeva il suo sonno dai rumori del mondo.

Era cosí contenta che le sarebbe piaciuto piangere, in quel momento, cosí, come fosse un altro modo di respirare.

Suo padre ebbe l'impressione di vederla sorridere, nel sonno. Era una bambina, cresciuta ma ancora una bambina, quella sua creatura. Che non aveva mangiato per dispetto, e poi aveva finito per addormentarsi profondamente. Proprio come i bambini piccoli dopo un capriccio coi fiocchi.

Le accarezzò i capelli e uscí.

Quando si svegliò non era ancora buio, maledette giornate di maggio che non finiscono mai.

Però era quasi notte. Non avere davanti un'intera giornata da vivere le comunicò una sensazione di benessere. Presto messa in fuga, comunque, dalla constatazione che le toccavano la recita della cena, qualche parola con i suoi e la malinconia di una domenica passata interamente in casa.

Suo fratello probabilmente non era ancora tornato. Sarebbe stato fuori anche a cena, perché no. Facevano a gara a invitarlo, lui, era un piacere averlo a tavola, lui. Mangiava di gusto e, se ci si metteva, riusciva a far ridere tutti, piccoli e grandi. Faceva ridere anche lei, a volte. Dice un tasso a un altro tasso, ma tu le paghi le tasse? Nemmeno per sogno, risponde quello, da me vengono gratis.

Lei invece temeva il pubblico, ogni genere di pubblico, anche il piú inconsapevole e casuale.

Si sentiva messa sotto esame da tutti, in qualunque situazione, e scopriva sempre di non essere all'altezza. Essere nel mondo sotto gli occhi degli altri era una fatica terribile. Essere fuori dal mondo, con gli occhi degli altri sempre altrove e mai per sé, era un altro tormento, di solitudine e di abbandono.

— Sai, quando dorme sembra ancora una bambina — sentí dire, uscendo sul balcone, da suo padre a sua madre, seduti nei colori della sera.

Che dolcezza, l'idea di sembrare ancora una bambina, di stare tutta racchiusa in quella parola. Ma che rabbia, anche, per quella parola che la ricacciava indietro, la tratteneva, la soffocava. Ancora una bambina.

— Che cavolo c'è di cena? — sputò suo malgrado sulla testa dei genitori.

— Eccola, la bambina... — sentí rispondere da sua madre a suo padre, a mezza voce.

Lei era difficile farla fessa.

— ... E ritieniti fortunata. Non pensare che se io fossi una cretina la tua vita sarebbe piú semplice e piú felice...

Glielo diceva ogni volta che discutevano. Lei non era d'accordo.

E chissà se sospettava qualcosa a proposito del suo modo di mangiare. Se no, voleva dire che non era poi un'aquila a tempo pieno. E se sí, perché non reagiva? Non era nel suo stile fare finta di niente. Con quello che costava fare la spesa, poi...

Oppure aveva capito, ma preferiva fare come se niente fosse. Forse perché non sapeva come prenderla? O si illudeva che non dandole importanza le sarebbe passato prima? Bene, le avrebbe dimostrato quanto fosse campata per aria quella teoria.

Ma non subito. In quel momento non ne aveva voglia.

Nemmeno a scuola era felice.

Non che fosse facile, o normale, essere felici a scuola. Ma almeno qualche amica, qualche amico, un insegnante meno peggio degli altri. Niente. In tre anni non aveva praticamente legato con nessuno. Andava a scuola per non rimanere sempre a casa. E tornava a casa per non restare sempre a scuola.

Seduta nel banco, il quarto della fila vicino alla parete, con la schiena appoggiata al muro, una mano che stringeva la penna e l'altra nei capelli, intenta ad arrotolarsi e srotolarsi attorno all'indice uno dei suoi innumerevoli ricci, ascoltava distrattamente il prof di tecnica, Birolli detto Sbirolli, un tipo assurdo per una materia assurda, che in quel momento spiegava l'altoforno e il metodo per fondere i metalli.

Lo guardò ad occhi semichiusi e provò a tramutarlo in una nuova specie di uccello, che agitava le braccia come fossero ali, muoveva la testa a scatti e beccava l'aria col naso, emettendo stridii stonati. Repellente. Inoltre aveva l'abitudine di tenere la sedia vicinissima alla cattedra, cosí dava l'impressione che dalla vita in giú non ci fosse nulla, e che fosse lí, incollato alla cattedra come a una specie di protesi. Poveraccio.

Per fortuna c'erano quelli tipo RosaLaura Verrucchi e Gianfranco Pighezzi che gli davano soddisfazione per tutti. Eccoli lí, lei in seconda fila, lui in prima, attenti e immobili, come se dei fili tesi legassero le loro fronti alle labbra del prof. E ogni tanto aprivano la bocca e intervenivano con le solite domandine intelligenti. Ignobili protagonisti di “una vita per la scuola”. Buttata.

Mentre li osservava, muoveva la penna sul foglio, tratteggiando una vignetta con piccoli e decisi colpi d’inchiostro. Ecco la coda di cavallo, attenta e con l’espressione intelligente tipo “le manca solo la parola” della Verrucchi, e il mezzo caschetto biondino del Pighezzi, completamente rasato dalle orecchie in giú, effetto-scodella, come per contenere e proteggere il cervello. Che chissà se ce l’aveva, poi.

Un idiota. E quando la nuova prof di lettere (la loro, la Caddi, si era presa un anno di aspettativa per maternità) aveva chiesto in tono incoraggiante:

— Che cosa avete letto quest’estate, ragazzi?

— Io non leggo, io scrivo! — aveva risposto lui, con lo sguardo ispirato dell’artista. Come dire: “Io Scemo tu Jane”. Poi si era guardato in giro per raccogliere la debita invidia. Pighezzi, se tu sape... zzi come il cu... ore mi spezzi.

— Ah, bene... — aveva esclamato invece la prof — e che genere di cose scrivi? — senza un’ombra di ironia.

In quel momento aveva capito che quella, nonostante i jeans stretti, il gilet di pelle e il braccialetto di filo colorato, non sarebbe mai stata in grado di sostituire la Caddi in tailleur, nemmeno l’ombra. Sí, la Caddi le mancava. Era l’unica che forse le poteva piacere, che aveva incominciato a piacerle. Ma quando se ne era resa conto, era già incinta.

Un giorno erano andati a trovarla a casa, in gruppo. Il bambino aveva una faccia buffa, si chiamava Andrea ed era il suo terzo figlio. Alcuni giorni dopo le aveva telefonato per andare a trovarla di nuovo, da sola però.

Avevano parlato di scuola, ma poco, e le aveva lasciato tenere in braccio Andrea. Un fratellino neonato è infinitamente meglio di un fratello di diciannove anni. Avevano parlato, non si ricordava neanche piú bene di che cosa, ma era venuta via allegra, come non le capitava da tempo. La Caddi le aveva anche prestato due libri: *Il buio oltre la siepe* e *Il piú grande uomo-scimmia del Pleistocene*.

— Ci troverai i miei segni. Io leggo con la matita in mano. È un'abitudine che ho preso alla tua età... Mi piace anche leggere i libri segnati dagli altri. Si capiscono tante cose... Se vuoi segnarli, fai pure...

Lei non era una grandissima lettrice. Leggeva, sí, ma in modo un po' lunatico. Forse perché sentir dichiarare a ogni piè sospinto che la lettura era un'attività benemerita e piena di virtú, le aveva provocato una crisi di rigetto.

Aveva rallentato, però non aveva smesso di leggere, pescando qualcosa in biblioteca, qualcosa a casa. La camera di suo fratello, quanto a libri, era una vera miniera.

A volte non capiva tutto, né avrebbe saputo spiegare perché certi libri le erano piaciuti. Ma dire "piaciuti" non bastava... Non riusciva a leggerli di corsa e non riusciva a staccarsene. C'erano certi passaggi che la obbligavano a fermarsi, c'erano frasi che le toglievano il fiato e la invadevano al punto che doveva piantare lí tutto, mettendo spazio, silenzio e distanza tra sé e loro. Sarebbe ritornata, era impossibile non tornare, ma passando magari per altre storie, o per una tazza colma di latte e biscotti.

Scartò una toffee, quelle caramelle inglesi tipo mou, e se la mise in bocca. Riuscí a ingoiarne dodici, dopo averle scartate una ad una sotto il banco. Che nausea. Zucchero caramellato che ti si spalma in gola come una pomata riempiendoti la bocca di un sapore tanto dolciastro e insopportabile, che non ti resta che mangiarne un'altra per liberartene. Una vera condanna.

Ingolfata di caramelle, sentí la sedia diventare piccola, sempre piú piccola sotto il sedere, divorata da due chiappe da ippopotamo. Le sue. E vomitare non serviva a niente, solo a stare malissimo, perché quelle perfide tavolette color cappuccino diventavano saliva in un momento e non le trovavi piú. Passavano dalla bocca alle chiappe per direttissima. Le odiava. Si odiava.

L'unica consolazione era che l'ora di tecnica stava per finire. Addio Sbirolli, sgombra il campo con le tue alte temperature d'altoforno e la tua bassissima temperatura umana.

Si sentiva tutta appiccicosa dentro, per via di quelle maledette toffee, al punto che rimase incollata alla sedia quando suonò la campana, e non fece in tempo a impedire alla Priuli, seduta davanti a lei, di prenderle il disegno dedicato al trio Birolli-Verrucchi-Pighezzi e di farlo girare per la classe sghignazzante. Provò a indispettersi, ma senza troppa convinzione, e comunque la prof di arte era già entrata. Aveva già preso atto del subbuglio, notato il foglio che girava, e se l'era fatto consegnare:

— Bella mano, bella mano... — commentò asciutta, con lo stesso tono di voce col quale l'ispettore Clouseau della Pantera Rosa dice: «... L'ho notato, l'ho notato...»

Poi si chinò a compilare il registro di classe e:

— Chi l'ha fatto venga a riprenderselo — aggiunse.

Avesse potuto allungare un braccio come Tiramolla, pizzicare il foglio e attirarlo a sé... Invece dovette scollarsi dalla sedia, sfilare davanti all'intera classe e presentarsi a Clouseau che attendeva l'autodenuncia:

— Bene, bene. Cosí sei tu. Non l'avrei detto. D'altra parte non abbiamo mai fatto vignette a lezione. Vedremo, vedremo...

Ripeteva regolarmente la parola finale, con il tono di voce che le aveva meritato il soprannome del mitico detective.

Per il resto le due ore di arte trascorsero tranquille: una natura morta sulla cattedra da copiare e colorare a tempera. Clouseau era di poche parole, tendeva a non fare polemiche inutili, al massimo un paio di battute per le quali non rideva mai, soprattutto se erano buone.

Era un personaggio atipico, nell'universo dei prof. Bisognava riconoscerglielo questo merito. Indubitabile, indubitabile.

Suonò l'intervallo, ma la cosa non le procurò particolare sollievo.

Pioveva. Bisognava stare nel corridoio. Meglio cosí. Si appoggiò a un calorifero, le mani in tasca, a guardare gli altri come attraverso una lente, ora per vederli piú da vicino, ora per metterli a distanza.

Durante l'intervallo non mangiava mai, rigorosamente. Neppure da quando riusciva a non fare piú colazione, anche se ogni mattina con sua madre era una lite. Solo di tanto in tanto si regalava una focaccia dal fornaio vicino alla scuola, ma poi il senso di colpa per quei venti centimetri quadrati di amidi e grassi le faceva venire l'acidità. La focaccia appena sfornata era certamente una delle gioie della vita. Qualcosa da cui guardarsi.

Dopo essersi fiondati dalla bidella a comprare schiacciate, brioches e merendine di ogni genere, gli altri se le mangiavano allegramente. Tutti, anche chi avrebbe fatto bene a meditare sulla propria linea, come la Aselli e il Begnis che, invece, spacchettavano e divoravano uno dietro l'altro sacchetti di patatine e barrette di cioccolato. Uno spettacolo indecente.

Lei aveva fame, ma l'avrebbe controllata.

I maschi, come al solito, si stavano spintonando tra di loro e cercavano di coinvolgere le ragazze, riunite a piccoli gruppi. Quando erano in branco, diventavano tutti idioti. Qualcuno di salvabile c'era, ma bisognava prenderlo da solo. Stefano Bisceglie, per esempio.

L'aveva incontrato un giorno sul pullman, per caso. Stava andando a trovare sua nonna, che abitava qualche paese oltre il suo. Avevano chiacchierato, no, non di cose personali o importanti... musica, i prof, l'abitare in città e fuori... cose cosí. Ma il tempo era volato e se l'autista non le avesse dato la voce avrebbe rischiato di arrivare anche lei al paese della nonna di Stefano. Era diventata tutta rossa, quando se ne era accorta, ma lui le aveva detto sorridente: — Sarebbe successo anche a me…

… Ma come, si chiese scendendo dal pullman e incamminandosi verso casa, ma come… eppure era risaputo che stava con Giada Monti. Una della terza A, con la coda, carina e con le idee molto chiare su quello che era suo e quello che non lo era. E Stefano era suo.

Sarà stato un caso ma, dopo quella volta, non l'aveva piú incontrato sul pullman. Avrebbe tanto voluto fermarlo e chiedergli se sua nonna era ancora viva, o se aveva traslocato, e perché non andava piú a trovarla.

I dieci minuti di intervallo stavano scadendo. Pigramente si preparò a tornare in classe.

Arrivata al banco, trovò un biglietto, indirizzato a lei.

Lo prese in mano, incredula, lo girò e rigirò piú volte. Non era abituata a ricevere biglietti e messaggi, tranne qualche raro "passaggio" durante le verifiche di matematica o di inglese. Eppure il nome scritto era proprio il suo. Pensò di aprirlo subito, ma gli altri erano già tutti in classe e certo sarebbe arrivata la prof. Cosí se lo lasciò scivolare in tasca, un po' a malincuore e un po' con gratitudine. Avrebbe avuto qualcosa cui pensare durante l'ora di inglese, che era di una noia asfissiante.

La prof però non arrivava.

— Momentaneamente occupata nella ben nota operazione-sostegno — annunciò quello scemo del Paolesu, che aveva le sue teorie sulla Di Tolle, la prof di inglese appunto, e soprattutto sulle di lei tette.

Secondo lui la Di Tolle, poveraccia, aveva un gran daffare, tutte le mattine, a prenderle, arrotolarle e tirarle su, per poi imbragarle nel reggi a maglia di ferro.

Finalmente comparve sulla porta la bidella a comunicare che: — La professoressa Di Tolle è in ritardo perché non trova parcheggio, vi raccomanda di stare buoni e di ripassare i vocaboli che quando torna vi interroga.

L'avesse annunciato in una classe vuota, le avrebbero dato piú retta. Ma due secondi dopo ecco stagliarsi dietro e sopra la bidella che, capelli compresi, le arrivava giusto sotto il reggi, la prof Elvira Di Tolle (detta anche Facciaditolle, Elviraditette, e Tetteditolle) coi suoi boccoli biondo platino raccolti e lasciati ricadere sulle spalle, come le belle dei cartoni animati giapponesi.

Nessuno si era accorto del suo arrivo, e nessuno poteva dire se e quanto avesse visto e sentito. Di fatto, quando un acuto: — Allora?!?! — ebbe colpito le orecchie di tutti, bocche e corpi si bloccarono, e gli occhi si volsero verso la fonte del suono. Presi.

Quando la Di Tolle se ne andò, come un peso dallo stomaco, entrò la Picozzi, matematica e scienze. Una che non stressava. Da non sottovalutare, soprattutto in una mattina come quella. Si mise alla lavagna e si avventurò nei sistemi di equazioni, costellando ogni passaggio di «Mi seguite?», «Avete capito?», «Se qualcosa vi sfugge, interrompetemi pure!»... Ma cosa dice, profe, è tutto cosí chiaro!... Mai farle perdere il filo quando era alla lavagna. Non importava che capissero loro. Era sufficiente che capisse lei e che andasse avanti fino alla fine dell'ora. La Picozzi era come un panno tiepido di vapore. Non faceva mai male.

Al quinto passaggio di un'estenuante espressione, lei prese il biglietto dalla tasca e, attenta a che nessuno la guardasse, cominciò a spiegarlo. Con il cuore che le tremava e gli occhi che valutavano ogni dettaglio, per anticipare e insieme per ritardare...

Sabato 22 maggio è il mio compleanno. La festa inizierà alle 18,30 e non finirà prima delle undici, forse anche di piú, perché i miei mi hanno promesso che andranno fuori. Solo che vogliono trovare la casa in ordine. È molto gradito chi arriva prima per darmi una mano, e anche chi va via per ultimo, per lo stesso motivo. Ci sarai? Dammi la risposta subito. D'accordo, ho capito, devi chiedere il permesso ai tuoi genitori. Domani, va bene?

Non preoccuparti per il regalo. VIENI TU!!! ciao,

Giulia P.

Doveva essere Giulia Polillo, terza C. Quella con i capelli neri, dritti, a caschetto, la pelle sempre abbronzata e gli occhi grigi. Una delle belle. VIENI TU. Qualcuno la voleva. Vieni tu.

Al suono della campana, schizzò fuori a tutta velocità. Aveva smesso di piovere e lei non voleva incontrare Giulia Polillo. Non voleva incontrare nessuno. Né sapere né far sapere.

Si precipitò dal fornaio, era in uno stato di tale agitazione... comprò una sberla di focaccia e salí sul pullman.

Magari era uno scherzo,

uno stupido scherzo e nient'altro, pensò mentre si strafogava di focaccia, sprofondata nel sedile in fondo. La stavano prendendo in giro. No, non sarebbe andata. Bastava una scusa qualunque. Che i suoi non la lasciavano, per esempio. Abitava lontano, a quell'ora di notte non c'erano piú pullman e loro non potevano venire a riprenderla.

E se invece l'invito fosse stato vero? Avrebbe fatto la figura di quella che i-miei-non-possono-venire-a-prendermi-poverina.

Sarebbe stata la sua prima uscita di sera. Una festa. E Giulia Polillo non era una qualunque. Era una che faceva un sacco di cose, danzava, tirava di scherma, giocava a tennis, nuotava benissimo, nelle specialità di atletica era tra le prime. I suoi le lasciavano fare tutto quello che voleva. Era molto fortunata, oltre che bella. Che invidia.

Forse aveva anche il ragazzo. E di certo sapeva baciare.

Alla curva, sentí arrivare un rigurgito potente. Si portò la mano alla bocca. Le mancava anche di riprendere a vomitare in pullman e in pubblico. Fece appello a tutte le sue capacità di autocontrollo, ancora pochi metri, su... Ma stava male, era tutta sudata, doveva scendere, prendere aria. Sentiva il cuore batterle in gola. Serrò i denti e allargò la lingua per impedirgli di uscire. Ecco la fermata, l'apertura delle porte, il saluto all'autista con un cenno della mano e giú, fuori.

Vomitò tutto sul ciglio della strada, focaccia e cuore, desideri e angosce, voglie e invidie. Vomitò come quando era bambina. Stava malissimo, non le importava neppure che la vedessero. Anche le lacrime, sarà stata la posizione, cominciarono a fluire, inarrestabili. Quando tirò su la testa, era spossata. Meccanicamente strusciò le scarpe nell'erba per ripulirle dagli schizzi. Poi, con in bocca un sapore disgustoso e nel cuore il nulla, l'angoscioso nulla del non saper cosa sentire, si avviò verso casa, con la voglia di non arrivare mai.

Camminava adagio, posando sguardi senza domande su dettagli senza importanza: il rosso dei papaveri nel verde dell'erba, la criniera zafferano dei denti di leone, il giallo a grappoli del maggiociondolo, e sul bordo sterrato della strada bianca di ghiaia – non era piovuto lí, se ne rese conto in quel momento – le ali triangolari, azzurre e grigie, di tante piccole farfalle posate sui sassi chiari.

La natura si lasciava guardare senza guardarla.

Respirò profondamente, si inginocchiò vicino alle farfalle, sfiorò l'erba come fosse una fronte addormentata. La carezza le fu restituita dal vento... *you can touch me now*... e le farfalle volarono via tutte insieme.

Quando poi vide Spuma venirle incontro come al solito, lo salutò, ma piú allegramente del solito, e fece una cosa che da tempo non faceva piú, gli lanciò il sasso per il gioco del prendi e riporta.

Spuma si mise a correre a balzi, riportò il sasso con gli occhi splendenti di felicità e glielo restituí leccandole le mani, agitando la coda... "sei ritornata, ti aspettavo, con nessuno gioco bene come con te".

Si ritrovò ad affondare le mani nel collo di Spuma, e lasciò che lui le mettesse le zampe sulle spalle. Fecero naso-naso e lei chiuse gli occhi per liberarsi dall'improvvisa sensazione di strabismo. Chissà se con le persone succedeva la stessa cosa. Forse era pure peggio: le facce degli umani sono piatte e cosí gli occhi si avvicinano ancora di piú. Per questo, forse, quelli che si baciano chiudono gli occhi. Come si fa a baciare qualcuno col mal di mare?

Spuma le appoggiò il muso sulla spalla, come fanno i bambini piccoli quando sono stanchi e contenti di essere tenuti in braccio. Il mondo visto dalla spalla di qualcuno, qualcuno che te lo lascia guardare tenendoti in braccio, deve essere piú bello... Se non avessi te, Spuma, scenderei da questo mondo. Spuma mugolò un convinto e grato "anch'io"... Lei tornò a gettargli il sasso e si divertí a guardarlo correre. Era un cane davvero buffo, un incrocio con il pelo del setter, il colore del labrador, le orecchie del lupo, la coda del maremmano, e il muso, no, non era un muso, era una faccia... ed era solo di Spuma, e cosí gli occhi, e l'intelligenza, e la pazienza, e il buon umore, e l'allegria erano solo di Spuma, e cosí pure il sorriso. Sí, perché Spuma rideva. Brontolava, voleva avere l'ultima parola, e rideva. Un sorriso che gli stirava gli occhi verso l'alto, gli appiattiva il naso, gli allargava le orecchie, e che aveva il potere di metterla di buon umore.

Entrando in casa si accorse d'aver fame e di aver voglia di mangiare. Accettò la bistecca. Si riempí il piatto di insalata mista, senza brontolare perché era già condita, e mangiò una ciotola di fragole con lo yogurt al posto del gelato. Un pasto da manuale, tipo "snelle in un minuto" o "magro è bello e buono".

Sua madre ebbe il buon gusto di non fare commenti e lei mangiò in silenzio. Sicura che non le avrebbero dato il permesso per la festa, aveva deciso di negarselo da sé. Non ne avrebbe neppure parlato. Il giorno dopo avrebbe ringraziato Giulia e le avrebbe detto che i suoi non la lasciavano.

Era la decisione piú saggia. Non si sarebbe sentita dire di no, avrebbe evitato una delusione se la festa era uno scherzo, non avrebbe dovuto preoccuparsi di che cosa mettere e come pettinarsi e cosa portare in regalo. Insomma un rimpianto, ma un sacco di problemi in meno.

Finito di mangiare, chiamò Spuma e uscí in bicicletta.

— Evita la camionabile! — le gridò dietro sua madre, piú per abitudine che per altro, la voce infatti era allegra, era contenta di vederla concedersi quella passeggiata.

Quando tornò, sua madre l'accolse dicendole che aveva telefonato una certa Giulia:

— «Lei glielo dà il permesso, vero, signora?!» mi ha detto. Beh, sono cascata dalle nuvole. Il permesso di che cosa? Posso saperlo da te... o devo richiamare lei?

Ecco. Il suo bel piano mandato a monte cosí.

... Giulia P, mi avevi dato tempo fino a domani, io non ti ho dato il mio numero di telefono e tu non me l'hai chiesto, non ti sei mai sognata di telefonarmi quando avrei tanto voluto che qualcuno mi chiamasse, sono sempre in casa e oggi che per caso sono fuori tu mi cerchi, proprio di lunedí, giorno di riposo di mia madre, cosí la becchi e cerchi anche di tirarla dalla mia parte, cioè quella che secondo te è la mia parte, che sarebbe poi la tua, e cioè quella tua maledettissima festa... grazie, davvero grazie!

— Allora? — la sollecitò sua madre.

— Ma... niente. Niente — fece lei scuotendo la testa.

— Cosa vuol dire niente? — la voce di sua madre era tranquilla, quasi dolce. — Cosa c'è in ballo?

— È per una festa — buttò lí piano, come un uggiolío.

— Per una festa. Bene. Vieni in cucina e raccontami. Sto preparando la verdura per tutta la settimana, intanto mi dai anche una mano.

— Uffaaaa.

— Non capisco perché quest'aria irritata. E prima di darti il permesso voglio sapere.

— Tanto non ci andrò.

— Sei ridicola, sai. La tua amica mi telefona e mi parla come se l'unico ostacolo fosse il nostro permesso, e tu fai quella che ha già deciso di non andare. Cos'è successo, avete litigato?

— No. Solo che non mi va.

— Sei sempre chiusa in casa. Perché non vuoi andarci?
— Cosí.
— Proprio non ti capisco. Dov'è questa festa?
— A casa sua.
— Sua di chi?
— Di lei.
— Lei chi, non farmi perdere la pazienza!
— Quella che ha telefonato. Giulia Polillo. Terza C.
— E dove abita?
— Non lo so.
— Bene. Quando?
— 22 maggio. Sabato.
— Pomeriggio? Sei a casa per cena?
— Sí, no, cioè, pomeriggio e sera voglio dire.
— Pomeriggio e sera, d'accordo. Fino a che ora?
— Sera, mamma, sera. Sera vuol dire cena, cena e dopo cena. Le undici, che ne so io.
— Non ci sono piú pullman a quell'ora. E con chi è la festa?
— Non so, amici, compagni.
— I suoi genitori saranno d'accordo, immagino.
— I suoi genitori sono sempre d'accordo.
— Ragazza fortunata, questa Giulia... piú di te.
— Già.
— Ne parleremo stasera con papà. Potremmo venire a prenderti noi.
— Figurati, a prendermi. E poi tanto ho già deciso di non andarci.
— Non vuoi dirmi perché?
— È che non ne ho voglia.
— Sicura? O c'è qualcuno che non vuoi incontrare?
Mmmm... come la odiava quando faceva la parte della grande amica che le leggeva dentro, con l'aria di capirla piú di quanto si capisse lei stessa.
— Come non detto — si riprese subito sua madre. — Fatti tuoi. Alla tua età io avrei fatto chissà cosa per andarci. Forse perché la nonna era contraria e non mi avrebbe mai dato il permesso. Comunque, vuoi che te lo proibisca? Che ti dica no, assolutamente no e guai a te se osi?

— Uffaaa — bofonchiò lei, mordicchiando una carota.

— Beh, senti, non aspettarti né un no secco, né un sí implorante tipo: “cara, vai, su che ti distrai un po’ e ti farà bene, vedrai”.

Tutta quella verdura sul tavolo le diede improvvisamente la nausea: e le erbette e le zucchine e i piselli e i broccoletti e le cime di rapa e gli asparagi e i peperoni e l’insalata... Una montagna di lavoro, e tutto per quella mania assurda dell’alimentazione sana. Era quello che l’aveva rovinata, che l’aveva abituata a non sentirsi mai sazia.

«... Merendine, dolci, biscotti, cioccolato... in casa non ne tengo. Io, i miei bambini, li ho abituati cosí, e loro mangiano di tutto!»

Li aveva educati a compatire quei loro compagni, poveracci, allevati a sottilette, prosciutto cotto, patatine fritte e sofficini. Con il risultato, alla lunga, che a quelli del cibo non gliene fregava nulla, pizzicavano di malavoglia due o tre cose, sempre le stesse, e addirittura si dimenticavano di mangiare. Chissà come mai, chi andava a sottilette e patatine era secco come un chiodo e loro erano obesi... No, lo era lei, perché suo fratello non aumentava di un etto anche se ingoiava quantità mostruose di cibo. Solo lei era obesa.

E aveva dovuto farsi venire delle idee, per tamponare in qualche modo quella sua inarrestabile capacità di ingoiare e ingrassare. Altra storia, comunque.

Lanciò alle verdure un ultimo sguardo di disgusto accusatorio e se ne andò dalla cucina.

«... Io alla tua età...» Che frase cretina. Nessuno aveva mai avuto tredici anni, quasi quattordici, come li stava avendo lei. A nessuno erano mai costati tanto.

«... Io alla tua età...» Se l’era vista davanti in alcune foto venute fuori da un cassetto, durante il trasloco. Gonna a pieghe scozzese, completino blu e calzettoni blu. Tredici anni, gita scolastica a Verona e Vicenza. Altra foto, altra gita scolastica: giacca e gonna blu, svasata, calze di nylon e scarpe con un po’ di tacco. Quattordici anni. Altra foto, un'estate: calzoni bianchi a zampa d'elefante e minipool con collo a V, chissà di che colore, le foto erano in bianco e nero. Quindici anni. Capelli lunghi e diritti, con la frangia sugli occhi e due ciocche piú corte sulle orecchie. Era bella. Bella lo stesso. Anche con quei vestiti addosso. Sua madre si era trovata ridicola quando si era rivista e gliele aveva fatte vedere apposta, per convincerla di quanto fosse goffa alla sua stessa età, e in che modo penoso le conciavano, da piccole signore in visita. Almeno fino all'arrivo dei Beatles, delle minigonne e dei jeans per tutti. Ma lei aveva constatato solo che sua madre non era mai brutta e sgraziata. E poi nelle foto rideva sempre, un bel sorriso luminoso, come se il futuro fosse una stanza colma di belle sorprese. Rideva senza l'espressione idiota degli ottimisti a tempo pieno. La nonna che decideva la lunghezza delle gonne, il taglio dei capelli, il momento giusto per le calze trasparenti... Eppure lei aveva l'aria felice.

Andò a cercare Spuma: lo vide accucciato vicino alla rete, col muso sulle zampe, gli occhi persi dietro Nizzi, la lupa color nocciola dei vicini, per la quale nutriva una grande passione. Li guardò leccarsi il naso attraverso la rete e poi accucciarsi in modo da stare vicinissimi. Ogni tanto alzavano la testa e si guardavano. Quella rete era da togliere, avrebbe convinto suo padre.

Spuma ad un certo punto si mosse, camminò lungo la rete e sparí dietro un cespuglio. Quando ricomparve era di là, da Nizzi. Aveva scavato una buca nel terreno, il furbastro, sufficiente a eludere la rete.

Non sempre gli ostacoli sono insormontabili. E ci si può benissimo arrangiare da soli. Forse dipende solo da quello che si vuole e da quanto si vuole.

Lei si sentiva al di qua di una rete, ma di là non c'era niente e nessuno che le facesse venire voglia di superarla. Lo spazio recintato le stava stretto, ma non era sicura di volerlo lasciare per avventurarsi oltre, anche solo per una festa. Non ne era affatto sicura.

— Ci sarai, vero?

Sussultò, staccando gli occhi dal libro di storia che stava contemplando, piú per farsi vedere occupata che per ripassare veramente, ma preferí non voltarsi. La voce veniva dalla sua spalla destra.

Era dolce, quieta, nulla di perentorio, e accompagnata dalla leggera pressione di un mento nell'incavo della spalla. Ne avvertí il calore, un calore morbido e asciutto, piacevole. Preferí non voltarsi.

Le venne in mente un film che aveva visto da bambina, dove un ragazzo indiano diceva a un ragazzo bianco che doveva mettersi proprio cosí, per parlare alla ragazza che amava e avvicinarsi al suo cuore senza intimorirla, e per farle capire che, rispettando gli usi della sua tribú, le chiedeva di sceglierlo. «Io ti scelgo, lupo bianco!» aveva gridato infatti, alla fine del film, la ragazza indiana al ragazzo bianco che le si era avvicinato nel modo giusto, mettendole il mento sulla spalla.

Lei non era una ragazza indiana, la voce che veniva dalla sua spalla non le era completamente sconosciuta, e di sicuro non era maschile. Preferí non girarsi.

Sentí aumentare la pressione del mento.

— Allora? — chiese ancora la voce.

— Sí — rispose allora lei, senza rendersene conto, come se qualcun altro avesse parlato attraverso la sua bocca, con voce quieta.

In quel momento suonò il campanello, fine dell'intervallo.

— Grazie — ridisse la voce, e volò via.

A quel punto lei si girò di scatto, e vide allontanarsi di corsa il caschetto nero di Giulia P.

Si sentiva presa in contropiede. Ricordava benissimo con quale convinzione aveva deciso per il no. Ricordava anche di essersi sentita in imbarazzo al pensiero di dirlo a Giulia. Per questo era stata attenta a entrare per ultima a scuola, la mattina, proprio mentre stavano per chiudere il portone. Non voleva correre il rischio di incontrare Giulia P. e di dirle: «No grazie non posso» cosí sui due piedi. E adesso, all'intervallo, si era imboscata nella zona dei cespugli con tanto di libro in mano nel quale sprofondarsi, per dare l'idea del suo essere altrove, impossibile da disturbare. Come fa un bambino piccolo, tanto piccolo da credere che basti non guardare nessuno per non essere visto.

Non era andata cosí. Lei era stata stanata e il suo spazio invaso. Ma, lo notò con stupore, non ne era né offesa né risentita. Aveva deciso di no. Aveva detto di sí. Si portò la mano alla spalla ed ebbe l'impressione di sentire ancora il tepore del mento di Giulia. Forse la sua spalla aveva deciso per lei. Un gesto aveva spazzato via senza sforzo ore e ore di ragionamenti. Già, il suo cervello e la sua pelle erano molto diversi. Uno si richiudeva cupamente in se stesso, all'altra bastava un tocco. Fortuna o sfortuna? Boh, ma intanto si sentí alleggerita. Sarebbe andata alla festa. Solo adesso s'accorgeva di quanta voglia ne avesse. Come le era venuto in mente di non andarci? Non doveva essere stata lei.

Alla festa mancavano appena due settimane. Aveva cosí tante cose da pensare che non si interessò neppure di sapere chi era stato invitato. Doveva preoccuparsi di ben altro. Del regalo, per esempio. Aveva deciso per un libro. Già, ma quale. Avrebbe pensato alla dedica e l'avrebbe confezionato con una carta speciale, il nastro di velluto e i fiori, raccolti all'ultimo momento nel prato. E poi che cosa si sarebbe messa. Forse la mini di jeans nera, con le calze nere, anche se faceva caldo, perché le sfilavano un po' le gambe. Avrebbe potuto farsi prestare una camicia da suo fratello, di quelle a quadri. E magari comprarsi qualcosa di nuovo. Le scarpe, che le servivano. Ma chissà se sua madre sarebbe stata d'accordo. Quando si trattava di comprare qualcosa per lei aveva sempre da ridire, e questo sí e questo no, e a patto che.

Era in uno stato di tale eccitazione che si dimenticò persino della sua fame notturna. Viveva altrove, era come riempita da una nuova sensazione di vita, al punto da adattarsi senza discutere alle consuetudini quotidiane: mangiare, bere, dormire, avere appetito e soddisfarlo quanto bastava, senza stranezze, senza ingordigie. Senza bisogno di dare nell'occhio.

Qualche sera dopo, a cena, sua madre le disse:

— Sta arrivando l'estate. Vedi un po' quello che ti va bene e quello che è da scartare. Se ti serve qualcosa, un pomeriggio possiamo andare insieme a far spese.

— Le scarpe! — si lasciò scappare subito lei, avrebbe dato qualunque cosa per un paio di anfibi, di tela grezza color naturale, con il carro armato alto e le stringhe, o per un paio di sandali, con la zeppa di sette-otto centimetri.

— Basta scarpe da ginnastica, però, almeno questa volta.

— D'accordo, niente scarpe da ginnastica — concesse lei.

— E neppure quei cingolati che storpiano i piedi.

— Ma se sono bellissimi.

— Per carità.

— Li compro lo stesso.

— E i soldi?

— Ho i miei.

— Va bene. Ma non venirmi davanti agli occhi con quei cosi ai piedi e non camminarmi sul parquet.

— D'accordo. C'è altro?

— Almeno provati qualche altro tipo di scarpa. Andiamo insieme a vedere!?

— Non c'è bisogno. E poi ho già deciso. Andrò domani dopo la scuola. Non torno a pranzo. E già che ci sono vado anche in libreria per il regalo.

— Quale regalo?

— Per Giulia no?

— Hai deciso di andare alla festa, allora.

— Veramente, ancora non so, cioè, è che, ancora non sono sicura, però...

— Bene, mi fa piacere.

— Non ho deciso del tutto, però, voglio dire... — ribadí lei, con l'aria di quella che deve valutare ancora un sacco di cose.

La madre scambiò un cenno d'intesa con il padre. Lei non se ne accorse.

— Pronto?

— Buon giorno, c'è Mauro, per favore?

Era appena rientrata dal suo pomeriggio di spese, il telefono squillava e aveva risposto lei:

— Non lo so, sono appena entrata in casa, vado a vedere. Chi lo vuole?

— Sono MariLia. Ti ricordi? Ci siamo viste a quel matrimonio di mia cugina. Sei la sorella di Mauro, vero?

— No, la sorella di Mauro è morta, poverina, improvvisamente. Io sono la tata, sono qui di passaggio, data la disgrazia...

Chissà perché le era venuto di rispondere a quel modo, si chiese ridendo, mentre gridava forte il nome del fratello.

— È da un amico a studiare — rispose per lui sua madre. — Chi lo vuole?

— La sua amante — fece lei di rimando, poi riprese la cornetta, e con aria mesta comunicò:

— È fuori, sarà andato al cimitero. Non si riesce a staccarlo dalla tomba. Era cosí legato alla sorella. Lascerò detto, ad ogni modo.

— Non importa, grazie. Mi scusi tanto — sentí farfugliare dall'altra parte da una voce confusa e sconvolta.

Depose la cornetta e corse in camera a spacchettare le scarpe. Bellissime, meravigliose. Mettere, mettere subito. Le sentiva tirare un po' sul collo del piede, ma avrebbero ceduto, l'aveva rassicurata la commessa, è che hai il collo un po' alto, lo so, aveva riconosciuto lei umilmente, le avrebbe tirato volentieri una scarpata sul naso però. Le provò coi jeans, poi con la gonna lunga, con la mini, con un tubino di sua madre, in mutande e coi boxer. Ultimamente le piaceva dormire con i boxer da uomo. Ne aveva trafugato un paio dal cassetto di suo padre.

Fu piuttosto soddisfatta della prova. Anche se in vetrina erano piú belle.

Non aveva trovato il regalo, invece. La scelta si era rivelata molto piú complicata di quanto pensasse. In fondo non la conosceva Giulia P, un libro non è un regalo qualunque, le avrebbe fatto capire che cosa immaginava di lei... no, non la conosceva e non sapeva ancora quanto voleva conoscerla.

Anche se quel cenno di calore sulla spalla non l'aveva piú lasciata e le aveva fatto compagnia.

Era uscita dalla libreria a mani vuote. Bella roba, un pomeriggio perso e un altro pomeriggio da trovare prima del famoso sabato. E una cassetta di canzoni? Perché no?

A cena, aveva fame e mangiò con appetito. A mezzogiorno si era fatta solo un gelato. Tra scarpe e regalo, non aveva da scialare, con quelle misere diecimila che le davano alla settimana. La chiamavano paghetta. C'erano dei suoi compagni che si beccavano le cinquanta, le centomila come fosse la cosa piú normale di questo mondo.

— Ah, ha telefonato la tua amante! — comunicò ad un certo punto della cena a suo fratello, come se l'avesse ricordato solo in quel momento.

Lui fece finta di niente, ma lei avrebbe giurato d'avergli visto le orecchie avvampare.

I genitori si scambiarono un'occhiata.

Nello stesso istante suonò il telefono.

Suo fratello la bruciò sullo scatto.

Quando tornò in cucina non si reggeva in piedi dal ridere, con in mano un foglio di carta che buttò sul tavolo. Lo prese lei. Dette un'occhiata e scoppiò a ridere a sua volta. A quel punto intervenne la madre.

AFFRANTI APPRENDIAMO CASUALMENTE SCOMPARSA AMATISSIMA NIPOTE ET CUGINA STOP SCONVOLTI PARTECIPIAMO CORDOGLIO STOP ABBRACCIOVI TUTTI STOP ZIO DORINO ET FAMILIARI MARILIA INCONSOLABILE.

Che scema, c'era cascata, pensò lei.

— Che cosa le hai detto, cosa ti è venuto in mente, imbecille! — le chiese suo fratello.

— Che figura, non si scherza con la morte. Pensate a quei poveretti, presi in giro in questo modo da un cretino in vena di scherzi — li sgridò il padre.

— Una cretina, prego — precisò il fratello.

— E non pensare che l'aver fatto morire te stessa invece che qualcun altro renda lo scherzo meno macabro. Sei un'idiota — concluse la madre, alzandosi per andare a telefonare a cugino e famiglia (in Sicilia!) per profondersi in mille scuse. Ma a metà strada cambiò idea. Tornò indietro e le intimò di provvedere da sola a risolvere la faccenda. Lei non voleva saperne niente.

... E che cavolo dico adesso, pensò lei.

— Pronto, MariLia, sei tu? — suo fratello era stato di nuovo piú veloce di lei, meglio cosí. — Ascolta, c'è una chiamata per te, un'interplanetaria dall'oltretomba, anzi, un'intertombale dell'altro mondo...

Requisí il telegramma, approfittando del fatto che non interessava piú a nessuno. L'avrebbe conservato. Due righe di condoglianze le avrebbero fatto bene, in certi momenti. Si sentiva allegra, l'idea della festa la eccitava piacevolmente.

Ecco, come in un incubo,

una macchina aveva improvvisamente preso a inseguirla, con una manovra brusca l'aveva mandata a sbattere contro il muro e poi le aveva impedito di scappare, tenendola imprigionata. Aveva cosí male alla schiena che non le restavano forze sufficienti per sentire paura.

Avesse potuto almeno cambiare posizione, anche di poco.

Ma intanto gli occhi le si erano aperti, si era svegliata. Nessuna macchina, era stato solo un incubo.

Riprese a respirare. Ma non capiva dov'era e il dolore alla schiena insisteva.

Intorpidita dal sonno e con gli occhi semichiusi per difenderli dai colpi di lama della luce del mattino, portò le mani al punto che le doleva. Sentí che qualcosa le pigiava davvero contro la schiena. Tastò attentamente. Era una scarpa. Provò a tirarsi un po' su appoggiandosi a un gomito, gli occhi le si stavano abituando alla luce.

Era stato effettivamente un incubo, nessuna macchina assassina. E a infierire contro la sua schiena era solo un piede con una scarpa.

Si guardò finalmente intorno. Dov'era? L'incubo continuava...

Non ricordava di essersi infilata in un letto. Infatti. Sotto aveva un tappeto e nient'altro. E attorno... trenta, forse quaranta, corpi addormentati. Chi sui divani, chi sulle poltrone, qualcuno sui tavoli, la maggioranza per terra, come lei.

Chiunque avesse messo piede in quella stanza,

avrebbe pensato all'effetto di un sonnifero, di un filtro. Che si trattasse di uno di quei suicidi di gruppo che ogni tanto fanno notizia?... O di un'esecuzione di massa perpetrata nella notte, con metodo e senza spargimento di sangue?...

Se fosse toccato a lei procedere all'identificazione dei corpi... sembravano tutti cosí giovani, che tragico destino... non ne sarebbe stata in grado. Di colpo si rese conto che ne conosceva ben pochi.

Ma davvero erano stati cosí tanti la sera prima, alla festa? Festa... Quella parola fece da tramite tra la sua coscienza e la realtà. Erano a casa di Giulia Polillo, ecco dov'erano. Provò a ricordare.

Giulia all'inizio della festa aveva detto che i suoi sarebbero tornati solo la sera del giorno dopo, domenica, che le avevano lasciato la casa a disposizione, e che a lei sarebbe piaciuto far durare la festa fino all'alba.

La proposta era stata accolta con un'acclamazione, e la maggior parte degli ospiti si era precipitata al telefono per avere il permesso dai genitori. Chi trovò, chi lasciò detto in segreteria o avvertí qualcun altro, chi si diede il permesso da sé, tanto sarebbe stato a casa da solo. Qualcuno si beccò un no secco, non se ne parla neanche, veniamo a prenderti alle undici altro che torno domani per conto mio.

Solo due, un ragazzo e una ragazza, ma non erano fratello e sorella, non avevano neppure provato a telefonare; dovevano essere a casa per le undici e trenta punto e basta. Lei era rimasta colpita da tanta sicurezza. Quei due avevano ordini precisi, indiscutibili. Li aveva quasi invidiati. Saranno anche stati un po' repressi, ma che comodità, a volte, avere ordini tassativi da eseguire e stop. Mica come lei che non sapeva cosa fare.

Una parte di lei, infatti, fremeva per rimanere, un'altra ne era terrorizzata. Una parte di lei voleva mettere alla prova i suoi genitori e vedere come avrebbero reagito, un'altra parte temeva di ingolfarsi in una discussione estenuante. E non sopportava l'idea di riattaccare dicendo non mi lasciano. La qual cosa, però, sarebbe stata la salvezza per quella parte di lei che aveva paura di restare ma non voleva ammetterlo, sono loro che me lo impediscono non io che...

E per la quarta volta ritirò la mano dal telefono, lasciando che altri telefonassero.

— E tu... hai deciso? — le disse una voce dalla spalla, una leggera pressione del mento che riconobbe subito. — Rimani... vero?!

— Certo — si ritrovò a rispondere, spazzati via di colpo dubbi e paure. Certo. Com'era facile acconsentire, lasciare che un altro volesse quello che lei non riusciva a volere da sola. Certo.

— Telefona, su, o preferisci che telefoni io... Ho già parlato una volta con tua madre.

— Lo so, lo so. Ma no, non è il caso. Se è un altro a chiedere, loro dicono sempre di no.

— Beh, ma cosa aspetti a telefonare tu, allora...

Già, cosa aspettava. Si era ficcata in bocca una ditata di maionese per darsi coraggio e aveva preso il telefono. Dopo i primi tre numeri aveva già riattaccato.

La festa era incominciata. Gli altri si stavano divertendo, ognuno con la propria risposta in tasca. Che fosse per tutta la notte, o solo per poche ore, nulla andava sprecato. Solo lei ancora non sapeva. Certo piú aspettava peggio era. Su allora. Pronto. Sono io. No, va tutto bene, solo che... Posso?

Qualche minuto di silenzio. Sentí sua madre parlare con suo padre. Una leggera pressione sulla spalla. Ancora. Dite di sí, supplicò dentro di sé, un no mi farebbe morire...

— D'accordo, per questa volta. Ma solo per questa volta — sentí dire dall'altra parte.

Rimase in silenzio. Doveva aver capito male. E adesso il "No" le sarebbe esploso nelle orecchie disintegrandole il cuore, e invece:

— A domani, allora.

A domani. Domani?!...

Dall'altra parte avevano chiuso la comunicazione. Avevano detto sí. Spiazzata.

E adesso eccola lí, buttata per tutta la notte in mezzo a una festa, con un sacco di persone sconosciute, con l'obbligo di divertirsi e di dimostrare di essere come tutti. Non ce l'avrebbe mai fatta.

E invece era andata meno peggio di quanto temesse o sperasse. L'unico momento brutto era stato il risveglio, con lo scarpone piantato nella schiena. Provò a cambiare posizione, ma non c'era abbastanza spazio. Aveva la gamba destra bloccata da un braccio destro che non era il suo, e la coscia sinistra che prestava diligentemente servizio come cuscino a una testa addormentata che non riconosceva. Quei corpi addosso cominciavano a darle fastidio. Non le andava di rimanere confusa, mescolata, dispersa. Non le andava piú. *You can't touch me now, you can't touch me now*[1].

E poi chi era, chi erano, you.

"You", il braccio, era una. Unghie mangiate, mani banali, collo che reggeva la testa con la faccia girata dall'altra parte. I capelli lunghi e lisci erano scivolati all'indietro e lasciavano vedere l'attaccatura dell'orecchio. Di chiunque si trattasse, si sentí intenerire. Aveva riconosciuto la parte del corpo capace di rimanere bambina piú a lungo delle altre. «Tu zia Maria sei vecchia, vero?...» si era informata una volta da bambina. «Ma cosa ti salta in mente, non vedi che le orecchie sono ancora le prime?!» era stata la risposta della zia Maria (sorella della nonna, la madre di sua madre).

Ancora le prime, però cambiano eccome. Piú grosse, piú spesse, e in alcune spuntano persino dei peli. Che schifo.

Spostò la gamba, come se si stesse muovendo nel sonno, voleva che braccio e mano estranei scivolassero via, lasciando che lei si riprendesse quel che era suo, la gamba e se stessa.

1) "Tu non puoi toccarmi adesso."

Adesso toccava alla testa sulla coscia. La testa era di uno. A guardarlo un po' meglio lo riconobbe. Era finito a dormirle quasi addosso, ma come si era permesso. E lei se ne accorgeva solo allora, cretina. Era il Basi, detto Bas e anche Ribas. Perché era ripetente. Il ripetente della terza C.

Si era accorto di lei proprio a quella festa e non l'aveva piú mollata. Bella conquista. Davvero roba di cui vantarsi. Ecco chi se la filava, lei. Un ripetente coi brufoli.

Ribas scemo, che le frullava intorno deciso a farsi notare.

Spostò d'istinto la gamba, senza riguardo, e la testa finí sul pavimento, gli occhi si spalancarono per un attimo fissi nel vuoto, come quelli dei bambolotti, e poi si richiusero di nuovo. Non si era neppure svegliato.

Ribas, capitolo chiuso.

Era tornata quasi intera. Aveva recuperato i pezzi sparsi e si era rimessa insieme. Le mancava ancora la schiena, però. Ma si era conquistata qualche spazio di manovra in piú. Piegò le gambe, se le prese tra le braccia, e, ruotando sul sedere, si girò di scatto, sottraendo la schiena alla pressione dell'ignobile anfibio nero numero 46 o 47, appartenenti a un tizio tutto vestito di nero, con una ciocca blu pavone fra i capelli scuri. Bello da morire.

Poi scavalcò abilmente i corpi stesi per terra e, senza voltarsi indietro, guadagnò l'uscita.

Si chiuse alle spalle la porta di quel dormitorio puzzolente, si sciacquò il naso con l'aria fresca, andò un momento in bagno e poi decise di uscire in giardino.

Il portone era aperto. Fuori, seduta sugli scalini, con la fronte sulle ginocchia e le gambe raccolte tra le braccia, trovò Giulia.

Giulia.

Giulia era lí. Si fermò a guardarla da dietro, trattenendo quasi il respiro per non farsi sentire.

Avrebbe voluto essere capace di fare quel che l'altra avrebbe sicuramente fatto, avere la sua stessa facilità ai gesti affettuosi, a toccare per dire ti voglio bene. Ma si sentiva impacciata, non le veniva spontaneo di essere spontanea.

In silenzio, anche lei si sedette sugli scalini. Vicino abbastanza perché la sua spalla sfiorasse quella di Giulia, e il ginocchio pure.

Stette cosí per qualche minuto, cercando di capire dal colore dell'aria che ore fossero. Le nove, forse le dieci, le rose all'ingresso sembravano sveglie da un po'.

Giulia non si era accorta della sua presenza. Lei le si fece piú vicina. Con il confine sinistro del corpo, dalla spalla al ginocchio, aderiva perfettamente al corpo di Giulia.

Dopo un po', senza alzare la testa e senza cambiare posizione, Giulia rispose. La sentí abbandonarsi contro di lei e poi, di colpo, scoppiare a piangere.

Non si può essere vicino a qualcuno che piange e limitarsi a guardarlo. Bisogna fare qualcosa, trovare dei gesti per calmarlo. Ma l'imbarazzo la paralizzava.

Poi il nodo si sciolse. Da solo. E si trovò ad aprire le braccia, ad avvolgere con il sinistro le spalle di Giulia e ad attirarla a sé. Ed ebbe la sua guancia appoggiata alla spalla, la fronte contro il collo, e con la mano destra le raccolse il viso in una carezza.

Giulia continuava a piangere, lei là lasciava fare. Poi intrecciò la mano destra alla sinistra e chiuse il cerchio. Per disegnare un dentro e un fuori, un dentro protetto, un fuori senza potere sul dentro.

... Che cosa c'è, Giulia?, le chiedeva intanto dentro di sé.

Ripensò alla festa, alla notte. Che cosa era, o non era, successo che potesse giustificare tutte quelle lacrime?

Avevano scherzato, parlato, ballato, cantato, karaokato, sbevazzato, sfumacchiato, raccontato barzellette...

Lei ad un certo punto si era assentata per andare in bagno. Aveva ingurgitato troppe tartine e la maionese le otturava le orecchie. Era stata via un po' di tempo, vero, ma solo perché nel bagno aveva trovato un assortimento mai visto di trucchi, rossetti e profumi. Si era fatta, disfatta e rifatta gli occhi un po' di volte. Quando poi si era decisa a ritornare in mezzo agli altri, di fatto nessuno le aveva badato, nessuno era in attesa che lei ricomparisse. Tranne Ribas, bella sfiga.

Aveva cercato Giulia con gli occhi, si era avvicinata ai gruppetti chiusi, niente, non era riuscita a scovarla. Ricordava d'aver guardato l'orologio e di essersi meravigliata che fossero già le tre. Quando, verso le cinque, erano usciti in sei o sette in giardino per vedere l'alba, Giulia non era con loro.

Realizzò in quel momento che, da quando era andata in bagno, prima delle tre dunque, rivedeva Giulia solo allora, che erano le dieci passate da poco.

... Dove sei stata Giulia?, le chiese dentro di sé.

Giulia, intanto, continuava a piangere.

— Vuoi che li mandi a casa? — le chiese a bassa voce dopo un po'.

Giulia non disse né sí né no.

— Forse è meglio se se ne vanno, non ti pare... — le propose di nuovo qualche minuto dopo, e fece per alzarsi.

Giulia mosse un braccio, forse per trattenerla, lei si fermò, e invece: — Pensaci tu — le disse. — Io salgo in camera mia.
— Ci penso io, d'accordo. Tu vai in camera e non preoccuparti.

Rientrarono insieme. Lei aspettò che Giulia salisse le scale che portavano alla zona-notte, e poi si avviò verso il salone-dormitorio. Davanti alla porta si fermò, tirò un profondo sospiro e non aprí. Le era venuta un'idea.
Quando, dopo poco, ricomparve davanti alla porta, era armata di uno spruzzatore di plastica, probabilmente usato per stirare, pieno di acqua gelata.
Fece di nuovo un respiro profondo, poi spalancò risolutamente la porta. Entrò e, con tutta la voce di cui disponeva e nel suo tono piú credibile, annunciò:
— Sveglia, sveglia, su, forza! Contrordine: i genitori di Giulia saranno qui tra mezz'ora. Bisogna smammare. Liberare la casa. Ricevuto?
Erano ancora tutti troppo assonnati per alzarsi, ma qualche spruzzo in piena faccia dissolse in un lampo le nebbie del sonno e i fumi del dopo-festa...
— Alzare i tacchi, togliere il disturbo, via, sciò, sciò!!!
Volarono parolacce da brivido, ma tutti si tirarono in piedi e cominciarono a lasciare il soggiorno. Riuscí a farli sloggiare, e anche in fretta.
— E dove s'è ficcata la padrona di casa, perché non si fa neanche vedere? — chiese qualcuno nel corridoio.
— Ma che ti frega? Via, via, dai, aria, piuttosto — gli rispose un altro — filiamo che questa è pazza!
— Sí, ma Giulia, dov'è finita Giulia? — chiese ancora un'altra voce, di ragazza questa volta.
Si sentí sghignazzare e poi:
— Non è roba per le tue orecchie, bambina. Vai a lavarti i denti piuttosto, sennò mammina ti sgrida!...
— Ma senti questo che imbecille! — commentò lei, a voce alta, nel salone ormai svuotato.
Comunque se ne erano andati tutti. Missione compiuta.

Si guardò intorno. C'era un disordine indescrivibile, avanzi di cibo, bicchieri semipieni rovesciati, tovaglioli di carta spiegazzati, e una puzza nella quale si sommavano resti di cibo, mozziconi di sigarette e diversi tipi di sudore.

Spalancò le finestre e uscí dal salone chiudendo a chiave la porta, caso mai a qualche spiritoso venisse in mente di tornare a dare un'occhiata.

Chiuse a chiave anche la porta d'ingresso e guardò l'orologio. Quasi le undici.

Avrebbe dovuto avviarsi, se voleva essere a casa per pranzo. Ma come poteva andarsene, senza aver visto come stava Giulia?

Salí la prima rampa di scale, pianerottolo, curva, seconda rampa che immetteva su un corridoio con una tappezzeria a righe bianche e azzurre, sul quale si aprivano otto porte turchesi con le maniglie dorate. Vero, non era mai stata di sopra. E non sapeva quale fosse la porta giusta. Chiamarla ad alta voce non le sembrò il caso, forse si era addormentata, non le restava che provare, porta dopo porta.

Un bagno, una specie di stanza guardaroba, una porta chiusa a chiave, un altro bagno, una porta che si lasciava aprire... ecco, quella doveva essere la stanza di Giulia. Intravide il poster della squadra italiana di fioretto con le firme, una foto di Kafelnikov il tennista, piaceva anche a lei, il manifesto di Kurt Cobain alla memoria, un costume da piscina appeso con una medaglia e una libreria nella quale erano stipate solo lattine di birra. Tenendo la porta per la maniglia, ascoltò... non un respiro... Aprí la porta del tutto, il letto era vuoto, alla scrivania non sedeva nessuno, di Giulia non c'era traccia.

Non le sembrò giusto entrare nella sua stanza senza di lei, cosí richiuse e riprese le ricerche.

Provò con la porta dopo. Ancora un bagno. E che ci facevano con tutti quei bagni... Certo era una casa ricca. Nemmeno da paragonare alla sua. Moquette grigia, quasi d'argento, alta, folta e morbida. Si tolse le scarpe, sembrava di camminare sulla pancia di un peluche.

Aprí la settima porta, la penultima: era una normale stanza per ospiti, probabilmente inutilizzata.

Rimaneva una porta soltanto. Dietro doveva esserci Giulia.

Aprí adagio e

si trovò davanti agli occhi i graziosi fiorellini di un copriletto ben steso su un letto piú grande del normale, e nel naso un profumo di cipria e di violetta di Parma, un profumo che conosceva bene perché era lo stesso che sentiva addosso alla zia Maria quando le si avvicinava per baciarla...

La parete che aveva di fronte era tutta uno scaffale e i ripiani erano colmi di giornali, di pile ordinatissime di giornali, tutte delle stesse dimensioni... vicino al letto non c'era il solito comodino ma un piccolo tavolo e, anche su quello, una piletta di giornali e un vaso con dei fiori... Ma a quel punto la sua perlustrazione fu interrotta da una voce sconosciuta che scandiva con chiarezza:

— «È piú vergognoso diffidare dei propri amici che esserne ingannati.» La Rochefocauld. Adunata illustrata.

Chi aveva parlato, se non si vedeva nessuno?

Aprí meglio la porta, la sentí sbattere contro qualcosa, forse una sedia o uno scaffale, e intanto:

— «Dominare le passioni evita molti affanni.» Enigma centrale — continuava a informarla la voce sconosciuta.

Fece un passo dentro la stanza, oltre la porta e, girandosi appena verso destra, vide che oltre la porta c'era un dondolo, messo in modo che chi vi era seduto guardasse nella direzione della finestra e desse le spalle alla porta. Non era stata vista dunque, forse neppure sentita. La cosa migliore era uscire facendo finta di niente. Arretrò di un passo ma: — «Saper aspettare è il segreto di molti successi.» Emerson. Linotipia a chiave — le ricordò la voce, con un tono nel quale percepí l'urgenza di informarla, l'intenzione di riprenderla e l'invito a non andarsene.

Rientrò nella stanza. Abbastanza per trovarsi di fronte al dondolo oscillante e a chi vi stava seduto. Anzi seduta.

Perché sulla sedia a dondolo c'era una signora piuttosto anziana dall'aria mite e composta. Capelli bianchi, dritti, tagliati corti appena sopra le orecchie, orecchini d'altri tempi, occhiali cerchiati d'oro dai quali pendeva una catenella leggera. La vecchia alzò gli occhi e, guardandola fissamente con due occhi scuri e vivissimi, le rivelò:

— «A volte un beneficato dimentica un beneficio perché il benefattore se ne ricorda troppo spesso.» Malesherter. Riporto di lettere.

Che strano modo di parlare. Eppure aveva un aspetto piú che normale, col suo filo di perle sopra il completino grigio, la gonna blu e un paio di graziose pantofole da casa ai piedi. Una mano teneva aperta una Settimana Enigmistica e l'altra, la sinistra, impugnava una matita. Con le ginocchia reggeva uno di quei tavolini da letto (lo usava anche lei quando era ammalata ed era una delle gioie della malattia), sul quale trovavano posto un temperino, una gomma e una scatolina con i trucioli delle matite temperate.

Ad un certo punto la vecchia signora ritenne di essersi lasciata osservare abbastanza, fece un cenno con la testa, come per salutare e:

— «Chi cammina nell'ignoranza finisce nell'errore.» La commessura — annunciò, come le stesse passando un'ultima informazione di cui avrebbe fatto bene a tener conto. Poi la signora diede un colpo coi piedi e, rivelando un'energia insospettabile, fece fare un giro di 180° al dondolo e a se stessa.

Lei interpretò la cosa come un congedo e lasciò velocemente la stanza, inseguita soltanto da un miagolio.

Doveva esserci anche un gatto, dunque, ma quello non l'aveva proprio visto.

Richiuse la porta senza rumore e pensò a Giulia. Non poteva non vederla. Lasciati trovare, Giulia...

Ferma nel corridoio, ripassò con lo sguardo le porte. L'unica che non aveva aperto era quella chiusa a chiave, ma a quel punto... Si avviò e, con il cuore un po' sottosopra, guardò l'orologio, le undici e mezza. Impossibile essere a casa per pranzo, doveva avvertire. Ma prima mise la mano sulla maniglia. La porta era ancora chiusa. Bussò adagio. Non rispose nessuno. Piú forte. Niente.

Si era chiusa a chiave e poi si era sentita male, forse era svenuta... Si era chiusa a chiave e si era tagliata le vene dopo aver ingurgitato un flacone di sonniferi, ed era là, riversa sul letto, come scrivevano i rotocalchi, immersa nel proprio sangue e contornata da pillole di ogni colore. E il sangue, nel giro di poco tempo, avrebbe preso a gocciolare sul pavimento, e la macchia sarebbe diventata via via sempre piú grande, fino a uscire da sotto la porta. Lanciò un'occhiata al confine tra porta e pavimento, ancora non si vedeva niente. Forse faceva in tempo a salvarla. Bisognava dare l'allarme, però, chiamare aiuto, subito.

Cretina, si disse. Si era lasciata trascinare dall'immaginazione. Ma lei faceva sempre cosí. Fin da bambina.

Quando aspettava qualcuno, sua madre che andava a prenderla a scuola, per esempio, dopo pochi minuti di ritardo incominciava a piangere disperatamente, e "vedeva" la mamma morta, buttata sull'asfalto con una scarpa sí e una no, un filo di sangue dalla bocca.

E quante volte aveva "sentito" franare il viadotto sul quale stavano passando in macchina, o aveva "visto" che la caffettiera sul gas era lí lí per esplodere, inondando la famiglia intera di caffè bollente, litri di caffè bollente. Ustioni di terzo grado per tutti. Mortali.

Sua madre, nella realtà, era sempre arrivata a scuola sana e salva, con tutte e due le scarpe ai piedi. Nessun viadotto s'era mai spalancato sotto la loro macchina. Nessuna morte per ustione da caffettiera s'era mai verificata in famiglia. Eppure lei continuava a immaginare cose ben piú spaventose di quelle che accadevano nella realtà, che in fondo non l'aveva mai tradita. Ma era il suo modo di tenere le cose sotto controllo, il suo esorcismo privato. Che tra l'altro funzionava, sempre, senza eccezioni. Poteva stare tranquilla e lasciarsi andare a vivere.

Bussò di nuovo, facendo un passo all'indietro per non ritrovarsi con il sangue sotto le scarpe, non si può mai sapere. Poi afferrò la maniglia e diede uno scossone. Nel farlo, le scappò un'occhiata all'orologio. Quasi mezzogiorno. Doveva telefonare a casa, assolutamente.

Scese le scale di corsa, senza voglia. Che cosa poteva dire, accidenti...

Per fortuna non avrebbe dovuto mentire, perché neppure lei sapeva qual era la verità. Gli unici dati certi erano che: la festa era finita, di sopra c'era una vecchia signora che parlava come la Settimana Enigmistica, Giulia era introvabile e lei non sarebbe stata a casa per pranzo. Però non era il caso di preoccuparsi perché c'erano un sacco di avanzi.

Fece il numero con il cuore in gola, sentí lo squillo risuonare una volta, tre, cinque volte... nessuno rispondeva... ecco, erano andati a prenderla all'autobus e, non avendola vista, stavano venendo a prelevarla, quando un fatale incidente... otto, nove squilli, prima erano passati dalla polizia a denunciare la sua scomparsa, esagerati... Undicesimo squillo e sentí staccare il ricevitore. Finalmente.

La voce di suo fratello. Meglio cosí, anzi no.

— Dove sono papà e mamma? — chiese con una voce che straripava d'ansia.

— Ehi, che ti prende? — fu la risposta. — Dove sei tu, piuttosto?

— Alla festa di Giulia.

— A una festa?! Sei diventata grande tutta in una notte?

— Non fare lo scemo. E dimmi dove sono papà e mamma!

— Ma in giardino, no? È domenica. Avanti, sputa. Sei in ritardo, vero? Anzi, non stai neppure tornando a casa, hai definitivamente deciso di non rimetterci piú piede... D'accordo. Li metterò al corrente con tatto. Fidati.

Non la faceva ridere. Se l'avesse avuto a portata di mano, l'avrebbe preso a sberle. Ma poi si rilassò. Che le cose andassero per il loro verso.

— Tornerò con l'autobus delle quattro, idiota!

— Noooo!!! — sentí urlare dall'altra parte. — Tornerai!? E io che mi ero già illuso!...

— Piantala! Ricordati di dirlo alla mamma, piuttosto.

E riattaccò.

Doveva avvertire e l'aveva fatto.

Non era esplosa nessuna tempesta, ma qualcosa le diceva che era solo rimandata.

Si sedette sulla sedia vicino al telefono e chiuse gli occhi.

Le sembrava di galleggiare in un mare nel quale non aveva scelto di bagnarsi. Si sentiva intorpidita, costretta a fare il morto per non peggiorare le cose.

Riaprí gli occhi e tornò di sopra.

Giulia.

Andò dritta alla porta chiusa a chiave, decisa a tutto pur di aprirla. Afferrò la maniglia con decisione e l'abbassò con forza. La porta si spalancò docilmente.

— Ehi, quanta energia... io sono a terra — la voce era di Giulia, una voce spenta che non le conosceva.

— Non sapevo che... Prima era chiusa a chiave!

— Prima.

La calma di Giulia la infastidí e anche quell'aria svagata.

Perché l'aveva lasciata fuori ad aspettare e a temere tanto, se l'aveva sentita? Ma non fece in tempo a fare la faccia arrabbiata.

— Vieni a sederti qui vicino

— le stava infatti dicendo Giulia dal letto. — Pensavo che te ne fossi andata con gli altri. Credevo di essere rimasta sola.

Lei si era già ammorbidita, le era bastato il tono della voce di Giulia, ma pensò che era meglio fare un po' la sostenuta:

— Sai benissimo di non essere sola, in questa casa... — la provocò.

— Cosa vuoi dire? — le chiese Giulia con voce ferita.

— Niente, dicevo cosí — batté in ritirata lei.

Giulia non disse nulla e girò la testa per guardare fuori dalla finestra, quasi volesse escluderla. Lei ne approfittò per osservarla. Era davvero bella. Era lí buttata su un letto sfatto, probabilmente quello dei suoi genitori, e sembrava una regina. In mutande e con una giacca di pigiama da uomo, ma una regina. La giacca del pigiama somigliava a un costume di scena in seta blu.

La guardava affascinata, invidiandole il caschetto di capelli lisci e lucenti. Doveva essere bello mettersi la mano dietro, sul collo, e sentirlo libero, liscio, con l'attaccattura dei capelli sfumata verso l'alto. Capelli simili dovevano essere come fili d'acqua tra le dita, altro che il cespuglio inestricabile e lanoso dei suoi.

Si riscosse e andò a sedersi vicino a Giulia. Non tanto per assecondarla, quanto per smettere di guardarla.

Nessuna delle due parlò. Lei prese tra le braccia uno dei peluches disseminati sul letto, lo strinse e vi sprofondò la faccia. Pensò a Spuma, a Nizzi. Come avevano fatto loro a diventare cosí amici, cosí sicuramente amici...

— Hai mai fatto l'amore, tu?... — le chiese Giulia di punto in bianco.

Lei la guardò, per controllare l'espressione che accompagnava la domanda; poi, buttando lo sguardo oltre la finestra:

— E tu... hai mai fatto l'amore, tu?... — le rispose.

— Non farmi il gioco cretino del te l'ho chiesto prima io. Puoi anche non rispondere, se non ti va... O se non sai di che cosa sto parlando.

— No. Non l'ho mai fatto. Ma so benissimo di cosa stai parlando.

Si girò a guardarla, le vide le lacrime tra le ciglia:

— Per favore, non ricominciare a piangere. Io di certe cose non ho mai parlato con nessuno, ma se vuoi ne parliamo, basta che non piangi...

— Ecco, guarda, non piango piú — promise Giulia — e vieni un po' piú vicina... come facciamo a parlare, sennò... Vuoi che metta una cassetta?

— No, apri solo la finestra — suggerí lei.

E cosí, eccole lí, ognuna con un peluche tra le braccia, vicine su un letto da grandi, a parlare...

— Facciamo che si possono fare tutte le domande che si vogliono — propose Giulia, rasserenata.

— A un patto. Che si può non rispondere — pretese lei.

— D'accordo. Ma non ci si può rifiutare piú di tre volte in tutto.

— E va bene.

— Facciamo a chi tocca. Pari o dispari?

— Dispari.

— E io pari. Bim bum bam... tre piú zero, tre, dispari. A te.

— Dai, cominciamo.

Lei si raccolse il peluche attorno al collo e lasciò vagare lo sguardo fuori dalla finestra aperta.

— Allora? — la sollecitò Giulia dopo qualche minuto, visto che non apriva bocca.

— Ma mi prometti di non prendertela?
— Caso mai non rispondo.
— E allora, dimmi dove sei stata questa notte, quando sei sparita.
— E questo cosa c'entra?
— Alt. Non vale rispondere con un'altra domanda, l'hai detto tu. O rispondi o no.
— Va bene, va bene... Ero qui! — fu la frettolosa risposta di Giulia. — E adesso tocca a me. Hai mai baciato qualcuno sulla bocca?
— No. E perché eri qui? Questa non è neppure la tua stanza!
— Perché avevo bisogno di un letto grande. A te è mai capitato d'aver bisogno di un letto grande?
— Sí. No. Cioè. Sí. Ma non per quello che intendi tu. Non oserei mai, nel letto dei miei genitori.
— Il punto non è il letto dei tuoi genitori. Il punto è se hai mai pensato di farlo!
— Farlo cosa?
— Vedi che non sai nemmeno di che cosa sto parlando?!
— E va bene, sí. Sí, ho pensato di farlo — rispose lei punta sul vivo. — Ho pensato di farlo eccome...
— Con chi? — la incalzò Giulia.
— Non te lo dico. E poi è inutile che chiedi, non ho nessuno e non voglio nessuno — aggiunse, mentendo, per rendersi la verità meno dolorosa. — Tocca a me, comunque. Qui, hai detto. E... l'avete fatto?
Giulia sospirò e si mise una mano tra i capelli.
— Cioè...
— Non vale come risposta. E poi la Caddi diceva sempre che non si comincia mai una frase con il cioè.
— Non stressare — Giulia sospirò di nuovo e poi mormorò, con voce liquida: — no, direi di no. Insomma, no. — E, senza cambiare voce, aggiunse: — Posso passare e non fare la mia domanda?
— Vuoi che ti ascolti o preferisci che ti faccia delle domande?
— Non so. Forse, sí, fammi tu delle domande... io

non so da che parte cominciare, sono cosí confusa, mi sento tutta sottosopra... non so che cosa mi sta capitando...

— Rispondi a me, dai. Dimmi: è... è stato bello?

— Bello?... Non lo so. Non ho mai provato niente di simile. È stata la prima volta in vita mia che... non so come dire... non riesco a paragonarlo a niente... È una cosa che dà i brividi... — si girò verso di lei. — Ma che fai, ti metti a ridere?...

— No, è che mi sembra di stare in una telenovela... prima puntata e ce ne toccano milleduecento!

Risero.

— L'hai baciato? — riprese poi lei, seria. — Voglio dire, l'hai baciato sul serio?

— Sul serio, sí, cioè, sulla bocca....

— Aperta?

— Aperta... — lo sguardo di Giulia era estatico.

— E gli atti degli amanti?... Li avete fatti, gli atti degli amanti?Potresti dirla tu, una cosa cosí? — era una sfida.

Giulia sprofondò nel letto:

— Non ti rispondo. E poi il gioco non vale piú, rispondo solo io e tu continui a farmi domande!

— L'hai voluto tu, mica io. Prima muori dalla voglia di raccontare e poi ti vergogni, prima fai e poi ti tiri indietro.

— E va bene, però poi la piantiamo, questo gioco mi ha stufato. È che ho avuto paura, ecco. Mi sembrava di soffocare, volevo solo levarmelo di dosso... Eppure fino a un minuto prima mi piaceva moltissimo, solo che a un certo punto... — scosse la testa — non lo so, non volevo piú. Lui mi ha detto perfino che non sono normale, che una che fa cosí non è normale...

— Lui chi?

— Non te lo dico. Tanto non so neanche se lo rivedrò! — Giulia la guardò con un mezzo sorriso, quasi rasserenata. — E poi, perché vuoi saperlo? — le tirò un calcio affettuoso e, cominciando a farle il solletico, aggiunse insinuante: — Non sarà che sei invidiosa, piuttosto, che avresti voluto esserci tu al mio posto, con uno che ti piace?!...

— No — tagliò corto lei, e riprese, con la voce cosí bassa da finire in un sussurro: — Se proprio vuoi saperlo, io al tuo posto vorrei esserci sempre, non questa notte soltanto. — La voce si impennò all'improvviso, incrinandosi in un singhiozzo: — Al tuo posto, o a quello di chiunque altra ma non al mio! Io sono stufa di essere me! Non ne posso piú di me!

Giulia si sentí prendere dal panico, non si aspettava una reazione simile.

— Non fare cosí, scusami, non credevo che... scusami... Smettila! — le urlò a un certo punto. — Non sopporto di veder piangere!

Lei prese a singhiozzare apertamente, senza trattenersi piú. Allora Giulia le si mise di fronte, allungò una mano come per toccarla, la ritirò e disse, con una durezza che la sorprese:

— Tu non vuoi essere te, d'accordo. Ma nemmeno io voglio essere me! Siamo pari, vedi? Ci assomigliamo, stiamo male tutte e due. Perché sarei venuta a cercarti, sennò? Per riempire il salone? Per prenderti in giro? Non ti sei chiesta perché ti ho cercato, perché volevo diventare amica tua, proprio tua e non di un'altra?

Lei continuava a singhiozzare, sempre piú sommessamente. Fu in quel momento che la porta si aprí e apparve sulla soglia una figuretta composta, con un gatto arancione sulle spalle:

— «L'ambizione può far strisciare o far volare.» E. Burke. Corona proverbiale mnemovisiva.

L'apparizione ebbe sulle due ragazze un immediato effetto calmante.

— Zia Nenette, per favore!... — fu il commento sconsolato di Giulia.

— «Meglio saper fare che saper dire.» La commessura — le informò di nuovo la vecchia signora, col dito alzato. Poi girò sui tacchi e si richiuse l'uscio dietro le spalle.

Giulia sospirò, depressa.

Sulle guance di lei le lacrime scendevano abbondanti... ma piangeva dal ridere.

— È fantastica, Giulia... — riuscí a dire ad un certo punto. — Zia Nenette, anche il nome è fantastico! È fantastica al cento per cento!

— Sarà, ma è anche pazza! Ogni tanto, almeno. Qualche volta fa delle cose stranissime. Dovresti vederla di notte, quando vaga per il giardino con il suo gatto Psycho sulle spalle! I miei volevano che andasse con loro alla casa al mare, ma al momento di partire lei si è chiusa in camera sua e si è messa i tappi nelle orecchie. E hai sentito come parla?

— Sí. Ma parla sempre a quel modo?

— Sempre a quel modo e solo a quel modo!

— Ma è divertentissima!

— Sei l'unica a dirlo. Tutte quelle scemenze della Settimana Enigmistica!

— Prima, mentre ti cercavo, sono capitata in camera sua e me ne ha rifilate un paio niente male...

— Hai visto tutti quei giornali? È la raccolta completa della Settimana, dal primo numero. Ha ereditato la passione dal nonno, anzi dal bisnonno, perché lei è la sorella gemella di mia nonna, la madre di mia madre...

— Tua nonna materna era gemella? Bene — la interruppe lei. — Quando resterai incinta, è probabile che avrai due gemelli, magari identici. Ma non li vestirai uguali, vero? Non concerai i miei nipotini come due cretini, non te lo permetterò.

Risero.

— Giulia — disse lei a un tratto, cambiando espressione. — È un nome bellissimo. L'hai visto quel film... un film con il tuo nome... L'hanno dato in televisione l'anno scorso, non l'hai visto? È la storia di due amiche, una europea e l'altra americana, con la guerra, i nazisti, gli ebrei, la rivoluzione... bellissimo... Quando erano ragazze facevano un gioco che avevano inventato loro. Ascolta: «Io sono Parigi» cominciava Giulia. «Io sono Parigi e una collana di perle» continuava Lilly, l'amica. «Io sono Parigi e una collana di perle su un'esotica danseuse» proseguiva Giulia, e andavano avanti all'infinito…

— Certo che sei un tipo! Non ho mai conosciuto nessuno come te!… — le disse Giulia con occhi allegri.

— No, non vale, anche nel film c'era una frase piú o meno cosí, ma era Lilly, l'altra, che la diceva a Giulia… Giulia sei tu e «nessuno è meglio di te» le dice la sua amica, cioè, io…

— Raccontamelo dall'inizio, dai — le chiese Giulia.

— L'ho registrato, posso portarti la cassetta.

— Raccontamelo lo stesso…

Ma una furiosa scampanellata le interruppe.

— Chi può essere?

— chiese Giulia.

— Lui!? — tirò a indovinare lei.

— Lui chi?

— Lui. Lui lui. Quello di stanotte.

— Non essere scema. Dimmi che ore sono piuttosto, non ho l'orologio — le chiese Giulia mentre si infilava i jeans.

— Saranno le due... — calcolò rapidamente lei — piú o meno.

— Non piú o meno. Guarda l'orologio che hai al polso, dai...

Il campanello assalí di nuovo le loro orecchie, passandole da parte a parte.

— Porca miseria, le cinque!!! — imprecò lei guardando l'orologio. — Le cinque, e io che dovevo essere a casa alle quattro!... — Altra scampanellata, sempre piú impaziente e minacciosa. — Vai ad aprire, muoviti, saranno i tuoi genitori, no? — disse, rivolta a Giulia.

— Scusa, ma i miei hanno le chiavi. Che bisogno hanno di suonare?

— Le avranno dimenticate, perse! Non farli aspettare — insistette lei. Poi si accasciò sul letto come colpita da un fulmine. — Oddio... E se fossero i miei, invece? Sono i miei ultimi istanti di vita, lo sento.

Altra scampanellata.

— Io ti salverò — promise solennemente Giulia, una mano sul cuore.

— E invece non dire una parola. La strategia migliore

è il silenzio, in questi casi — la informò lei, mentre si precipitavano giú dalle scale.

Arrivate alla porta d'ingresso, però, rimasero come paralizzate davanti allo spettacolo che, attraverso la porta a vetri in linea retta con il cancello, si presentava ai loro occhi.

In piedi, in mezzo al cancello aperto, stavano zia Nenette, con l'immancabile Psycho sotto il braccio, e una coppia di adulti in compagnia di un cane.

— Sono proprio i miei genitori — li riconobbe lei. — Hanno portato anche Spuma. Dei tre, è quello con l'espressione intelligente. Cosa dici, avrà seguito le mie tracce fin qui e loro gli sono venuti dietro?! — provò a scherzare.

— Rilassati, dai, non hanno l'aria feroce — tentò di tranquillizzarla Giulia.

— Tu non conosci mia madre!

— D'accordo. Ma lei non conosce zia Nenette! Andiamo a sentire che cosa sta dicendo, dai! — E Giulia la prese per mano e la trascinò fuori.

Avevano fatto pochi passi verso il cancello che furono travolte da Spuma. Scodinzolava, faceva salti in tutte le direzioni, si buttava a terra a pancia in su, uggiolava di gioia... "ci sei, e dove sei stata, e senza dirmi niente, ma adesso ci sei, sei qui..."

Pochi passi la separavano dal gruppo sul cancello e dagli occhi di sua madre. Decise di farli.

Mentre si avvicinava, la raggiunse un finale di sapienza enigmistica.

— «... consente di ottenere la vittoria.» Smiles. La collana.

Le era sfuggito il soggetto. Poco male. "Ottenere la vittoria" era un'espressione che non le piaceva.

Appena la vide, suo padre fece un passo verso di lei e le mise un braccio attorno alle spalle:

— Era ora...

Sua madre la guardò soltanto, ma lei si sentí rivoltata dalla testa ai piedi. La lasciò fare, sapeva di non avere nulla da nascondere.

L'unica cosa segreta erano delle sensazioni, sensazioni nuove, sconosciute e misteriose anche per lei. Ma, quelle, nessuno sguardo esterno sarebbe riuscito ad indagarle.

— Perché non la lascia qui? — stava chiedendo Giulia a sua madre. Aveva già capito a chi rivolgersi. — È quasi sera, tra poco arriveranno anche i miei, ceniamo, dormiamo e domattina andiamo a scuola...

Che cosa cavolo le era saltato in mente?!...

— Vi siete messe d'accordo? — fu la domanda con cui rispose sua madre, guardandola fissa. Lei ricambiò lo sguardo in silenzio. Dire di sí non poteva, perché non era vero. E dire di no neppure, perché non sarebbe stata creduta.

Giulia, intanto, si era fatta avanti per attirare su di sé quello sguardo indagatore:

— Nossignora, assolutamente, è un'idea mia, mi è venuta in mente in questo momento! Non ne avevamo proprio parlato, glielo giuro!

— Va bene, va bene — fu la risposta, fredda e gentile. — Grazie, ma non se ne parla neanche.

Giulia ricevette il messaggio e capí che non era il caso di insistere.

— E poi, forse non vi siete guardate allo specchio, ma avete certe occhiaie! Avete bisogno di una buona dormita, non di un'altra notte di chiacchiere.

A quel punto zia Nenette, che era stata ferma e zitta con Psycho in braccio, fece un passo avanti, alzò il dito ammonitore e sentenziò:

— «Una cattiva ferita può guarire ma la semplice debolezza uccide.» Delessert. A voi la scelta.

... Ma, da che parte stava?

Comunque aveva già fatto dietro-front e stava tornando verso casa a piccoli passi veloci, trascinandosi dietro Giulia che protestava perché voleva almeno salutare, ma non ci fu verso.

La porta a vetri fu aperta e chiusa con fragorosa energia.

Rimasti soli, sua madre la prese per il braccio e, stringendolo con vigore, la guidò verso l'uscita:

— E adesso — le disse — patti chiari e amicizia lunga.

— Proverbio famoso, incastro polisillabico. Brava, hai imparato subito. Zia Nenette ha colpito anche te, vero?! — tentò di alleggerire lei, ma capí subito che non era il caso.

— Lascia perdere quella vecchia svanita, e anche quella faccia da sonnambula della tua amica, e ascoltami bene perché non voglio ripeterlo: che sia la prima e l'ultima volta che ti permetti una cosa del genere, chiaro? Abbiamo voluto darti fiducia e tu ne hai approfittato alla grande, ben sapendo che non si fa.

Intanto erano arrivati alla macchina. Spuma si era incollato al suo fianco e lei camminava con la mano sprofondata nel pelo del suo collo:

... Non mi lasciare, Spuma. Tu mi ami come piace a me. Mi ritrovi e sei contento, tutto qui, non stai a farla tanto spessa, come quest'altra che mi sta tranciando il braccio e senza anestesia. Basterebbe rivedersi e camminare vicini, no? Insegnaglielo tu come si fa...

Alla macchina sua madre la costrinse, stringendo la presa, a girarsi e a guardarla. Lei non fece resistenza, ma continuò a tacere.

— E degnati di dire qualcosa, per favore! Non guardarmi come se fossi una pazza. Ho il diritto di dirti quello che penso, visto che lo faccio solo per il tuo bene. Ma mi hai ascoltato almeno, mi hai capito?

La scuoteva cosí forte che a quel punto suo padre si decise a mettersi in mezzo e, prendendole sotto braccio una da una parte e l'altra dall'altra, azzardò con voce incerta:

— Su, perché non fate la pace? Non sarebbe meglio andare a prendere un gelato, invece di litigare?!

— È solo una bambina che gioca a fare la grande… — la liquidò sua madre, acre.

— Sempre meglio che essere grandi e giocare a fare i bambini. E tra un po' lo diventerò davvero grande, io. Tu, invece, diventerai vecchia e basta! — fu la sua risposta impietosa.

A casa, si ritirò subito in camera sua. Non cenò. Andò a letto presto. Ma, poco dopo la mezzanotte, si svegliò con una voragine al posto del cuore.

Raggiunse la cucina e si ingozzò come non faceva da tempo. Mangiò tutto il mangiabile, persino le barbabietole e un intero tubetto di latte condensato color supposta sciolta.

Quando si fu rimpinzata al punto che persino la compassione per se stessa le dava la nausea, andò in bagno.

La notte era chiara e la luce naturale era sufficiente per consentirle di fare tutto quello che doveva senza bisogno di accendere quella elettrica.

La notte la teneva tra le proprie pieghe e, senza scomporsi, la osservava restituire quello di cui si era appropriata. Non era il primo ladro pentito che vedeva, la notte. Ma il suo era un caso speciale.

Aveva lasciato la porta aperta. Il buio le stava attorno come una tenda. Ma aveva una porta.

Sulla cui soglia lei vide improvvisamente stagliarsi una figura famigliare.

SECONDA PARTE

Mia madre. Sí, mia madre.

E la "lei" di cui s'è raccontato sin qui sono io.

Lei. Io.

Un punto di arrivo che è già un punto di partenza.

Io continuo e ricomincio.

Io lei.

Io sono stata lei. "Lei" e basta, senza nome.

Perché quello che mi è stato dato, il mio, era brutto. E pensavo che anche di questo il mondo dovesse rendermi conto e darmi soddisfazione, prima o poi.

Il mio nome non mi piaceva quando provavo a chiamarmi da sola; mi infastidiva quando lo sentivo dalla voce degli altri.

Mi sembrava che potesse andare bene solo se inserito in comandi, ordini, derisioni, sgridate, richieste di servizi, passami il sale e prestami una penna.

Nessuno avrebbe potuto dire il mio nome e accostarlo a parole d'amore.

A peggiorare le cose, avevo letto da qualche parte che il nome imposto dai genitori al loro neonato è la prima storia che gli raccontano ed è anche l'espressione di un desiderio... vorremmo tu fossi come...

Come chi deve essere una alla quale viene "imposto" il nome di Gaspara? Perché cosí mi ha chiamato mia madre, Gaspara, perché suo padre si chiamava Gaspare ed era morto poco prima che io nascessi... per lei era stata una perdita terribile, un lutto che l'aveva distrutta, aveva rischiato di non riprendersi piú... e solo quando le era mancato aveva capito quanto gli fosse affezionata... insomma, lei era disperata, e io avevo pagato. Gaspara! Un re magio al femminile. Roba da soffocarsi con un rigurgito di latte materno in quarta giornata, a essere fortunati. Ma non era stato il mio caso.

E dovevo anche ringraziare mia madre che aveva proibito l'ignobile diminutivo di Gasparina, da cui il terrificante Rina (la gallina). Pio il pulcino e Rina la gallina, cominciava la prima frase che avevo imparato a leggere in prima elementare il primo giorno di scuola, ma nessuno dei miei compagni aveva associato Rina a me, che fortuna.

Era stato mio fratello a tirar fuori dal mio nome l'unico suono sopportabile: GASP! L'aveva trovato sui Topolini e in uno slancio di commovente amore fraterno mi aveva anche fatto notare che era l'espressione tipica di quelli nei guai. Spavento, soffocamento, angoscia, sorpresa negativa, annegamento, smarrimento: tutto questo era GASP! (e mi raccomando il punto esclamativo!). Mio fratello trovò la cosa spiritosa. Io no.

Perché sapevo già che era tragicamente vera. Avevo solo otto anni.

Quando ebbi tra le mani un vocabolario d'inglese, avrò avuto dieci anni, fu la prima parola che andai a cercare:

GASP: intr e tr, 1) sobbalzare (dalla sorpresa); 2) boccheggiare, respirare a fatica, pronunciare con affanno; 3) desiderare ardentemente. *I'm gasping for a drink*, muoio dalla sete. *To be gasping for liberty*, sospirare la libertà.

Eccomi, racchiusa nella definizione di un verbo straniero. I miei erano stati piú acuti di quanto li ritenessi capaci. Avevano letto nel mio futuro, desiderio o no, e me l'avevano stramaledettamente condizionato, con quell'accidenti di nome... La mia vita era tutta e solo GASP (e senza punto esclamativo). Io quella che sobbalza, io quella che boccheggia e respira a fatica, io quella che pronuncia con affanno e con affanno è pronunciata, io quella che desidera ardentemente, io quella che muore dalla fame... Io Gasp. Io gaspo e io gaspeggio. Io gasperò. Io gaspavo. Io gasperei. Che io gaspassi. Tutti i modi e tutti i tempi, prima coniugazione -are, prima persona singolare. Gaspi chi può, gaspa tu se sei capace. Sfida mai raccolta da nessuno.

E adesso eccomi qui. Io che sono lei. Lei che sono io.

Io Gasp.

Per passare dalla terza persona alla prima ho avuto bisogno di tempo, tre anni, piú o meno, tre anni per imparare a dire io, come i bambini piccoli. Loro però partono da zero. Io sono partita da quattordici.

E cosí, io Gasp ora ho diciassette anni compiuti, e sto frequentando il quarto anno di liceo linguistico all'estero. Sufficientemente lontano da casa. Ma non è di questo che voglio parlare, non è il presente che mi interessa, qui. È quel pezzo di passato, invece, che sto tentando di riprendere per mano e di ricongiungere a me, togliendo via la sabbia che ho lasciato depositare. A volte la spazzo via a manate, a volte con gesti lenti e interminabili riesco solo a rimuovere minuscoli granelli infilatisi in una piega della pelle o del cuore.

Ma ora sono "io". E "io", da qui in avanti, conduco il racconto.

La notte in cui mi seppi vista da mia madre mentre vomitavo cosí, senza malessere, senza lamenti e senza richieste d'aiuto, fu come una raffica di vento su un monte di sabbia.

E inaugurò l'inizio della sua paura e del mio potere.

Avevo realizzato di colpo che anche gli altri potevano avere paura, che mia madre ne aveva, forse piú di me.

E il fatto che fosse stata proprio lei a vedermi mi obbligava ad andare fino in fondo.

Il mio vizio, la mia malattia, non erano piú solo miei. C'erano dei testimoni. Una testimone che non poteva, però, dichiararsi innocente. Quello che aveva visto le si sarebbe ritorto contro. Definendola vigliacca se avesse taciuto e fatto finta di niente, proclamando la sua corresponsabilità se avesse parlato e dato alla cosa il peso che si meritava. Non c'era scampo. Né per lei, né per me.

Basta con le ostilità piú o meno velate, adesso veniva la guerra, anzi, il corpo a corpo, no, il testa a testa, perché non ci saremmo nemmeno sfiorate. Bene. Chi l'aveva piú dura avrebbe resistito e vinto. E quella notte avevo scoperto che volevo essere io.

Mia madre conosceva tutto il repertorio dei comportamenti della mia età. Faceva parte del suo mestiere. Per saper riconoscere eventuali sintomi e per poter dare gli opportuni consigli a chi incappava in qualche cosa di rischioso, e anche il nome di qualche psicologo che potesse dare un valido aiuto... Succede nelle migliori famiglie, praticamente a tutti...

"A tutti meno che a noi!..."

Avrebbe certamente aggiunto mia madre, tra sé.

Bene, improvvisamente era stata smentita. Da me, sua unica figlia femmina.

Mia madre fa l'assistente sociale, ha letto libri di psicologia e di sociologia, e dunque ha tutti gli strumenti per capire il mondo, giudicarlo e curarlo.

Se la cosa non sempre le riesce, è perché il mondo non collabora, e perde la grandissima occasione di riscatto che lei gli offre. Tanto peggio per lui.

Anch'io ero il mondo.

Ma ero anche sua figlia.

Quello che aveva letto e studiato la obbligava a mettere in fila una serie di piccoli episodi, di fumose intuizioni con quel vomito che gettava sul tutto una luce ben precisa, imponendole di tirare delle conclusioni.

Io, sua figlia, soffrivo di quei disturbi dell'alimentazione che sono spesso un segnale che qualcosa, nella relazione madre-figlia, non va. Per quanto lei fosse convinta di aver sempre agito in modo da escludere che tra lei e me si verificassero cose del genere.

All'inizio mia madre arginò rapidamente lo sbalordimento con la logica e l'esperienza:

— ... Siamo alla naturale fase del conflitto. Marcato, ma nei limiti della norma. D'altra parte è una fase necessaria, addirittura augurabile. Bisogna opporsi per crescere, evidente!

Tutto previsto quindi, tutto come da manuale. Sarebbe passato, bastava avere un po' di pazienza. I manuali erano ottimisti.

Vadano a quel paese, per quanto mi riguarda, i manuali ottimisti.

Che cosa ti succede, mi aveva chiesto quella notte, in piedi sulla porta del bagno.

Ho solo vomitato, non è niente, buonanotte.

Ne sei sicura, non c'è niente che vuoi dirmi?...

Assolutamente, tutto normale, grazie.

Già, tutto normale...

E il mattino dopo mi scoprii anche capace di smettere di mangiare.

Il conflitto era aperto.

La mia capacità di autocontrollo diventò via via sempre piú perfetta.

Mi affamavo, e l'eccitazione della fame bastava a saziarmi.

Persi dieci chili in meno di un mese, e cioè dall'indomani della festa di Giulia alla fine degli esami. Che superai brillantemente.

A scuola ero allegra, addirittura euforica, in quel periodo.

Mi presentai agli orali in minigonna arancione e con i capelli cortissimi. Ricevetti piú di un complimento. Io, che avevo sempre avuto paura di non piacere a nessuno, che non mi ero mai sentita degna di piacere, arrivai persino a pensare di essere bella e di poter essere felice.

Ma era un pensiero che mi permettevo solo fuori. In

casa ero cupissima. Me ne stavo quasi sempre in camera mia, parlavo poco, e le rare volte che decidevo di dire qualcosa usavo un tono di voce bassissimo, obbligando gli altri a fare silenzio per sentirmi. E se erano gli altri a rivolgermi la parola, facevo segno di parlare a voce bassa. Ad ogni innalzamento del tono di voce, incominciavo a tremare.

Devo essere stata molto convincente perché in poco tempo, in casa, si misero tutti a parlare a bassa voce, anche tra di loro. Persino la suoneria del telefono fu abbassata al minimo.

Mio fratello se ne stava barricato in camera sua, con la scusa che aveva da studiare per gli esami e non poteva occuparsi d'altro. Ma per riuscire davvero a non occuparsi di me, dovette andarsene. Prese libri, magliette, mutande, spazzolino e si trasferí dal suo migliore amico. Portavano agli orali le stesse materie e avevano deciso di prepararsi insieme.

Neppure MariLia telefonò piú, certo lui l'aveva avvisata, anche se, dopo quella storia dell'annuncio funebre, non era piú capitato che lei telefonasse e che non fosse lui a rispondere. Si mettevano d'accordo, ovvio. L'avrei fatto anch'io, anche se ci andava di mezzo la sorpresa. Però si scrivevano, lettere su lettere.

Mi sfuggivano quelle in partenza, ma leggevo tutte quelle che arrivavano. Le divoravo. No, non per curiosità. Cercavo solo di partecipare, anche se nel modo piú meschino, al banchetto d'amore imbandito sotto i miei occhi, anche se io non ero un'ospite invitata. Grufolavo sotto il tavolo, golosa di ogni briciola che cadeva dai piatti, mi avvoltolavo in tutto quello che avesse la parvenza dell'amore, senza chiedermi da dove venisse, e sentendomi in colpa, perché sapevo di non averne diritto.

Ogni lettera che leggevo, li amavo sempre di piú.

Vedevo mio fratello attraverso gli occhi della ragazza che lo amava, e non era piú mio fratello, era un uomo, un uomo di cui ci si poteva innamorare.

No, non sto facendo nulla di male, nulla di cui vergognarmi, mi dicevo. In effetti non ho mai raccontato niente a nessuno. Quello che leggevo, le emozioni che me ne venivano, tutto rimaneva segreto dentro di me, custodito con gratitudine. E li amavo, tutti e due, li amavo solo perché erano innamorati. E mi ero anche incaricata di proteggerli.

Loro credevano di essere forti, io sapevo che erano fragili. Fragilissimi. Intuivo già che l'amore rende vulnerabili.

Io invece ero forte, in quel periodo, perché non amavo nessuno, tanto meno me stessa. Il mio rischio di essere ferita era bassissimo.

In casa, ero diventata ancora piú pignola dei miei, quasi avara. Controllavo che non rimanessero luci accese e rubinetti aperti, spegnevo di nascosto lo scaldabagno, avevo proibito che entrassero in casa cioccolati, gelati e leccornie varie. Se con le fragole compariva in tavola la panna montata, mi alzavo disgustata; se il pesce era servito con la maionese, avevo gesti di repulsione.

I miei si erano ridotti a mangiare quasi di nascosto.

Io continuavo a dimagrire. Qualunque cosa di commestibile mi capitasse sotto gli occhi, finiva in bocca a Spuma. Che non mi abbandonava mai, ma non solo per golosità.

Mi accompagnava ovunque. Se prendevo il pullman, lo trovavo ad aspettarmi alla fermata e, quando non lo sfiancavo con me in lunghe passeggiate, mi si accucciava ai piedi. Non mi dava fastidio anzi, mi scaldava, soffrivo il freddo come non mi era mai successo, in quel periodo, anche se era estate. Spuma era diventato protettivo.

Come mio padre, del resto, che evitava con cura tutto quello che potesse urtarmi. Sentiva la radio con l'auricolare, evitava i soliti lavoretti per non fare rumore, mangiava quasi scusandosi per l'appetito che aveva. Si faceva in quattro per aiutare mia madre, per impedire che si innervosisse e poi non le riuscisse di controllarsi con me.

Devo confessare che il suo modo di comportarsi mi irritava. Leggevo il suo adattarsi a tutto, piú che come una prova di affetto, come una dimostrazione di debolezza e di paura. E sentivo che avrei dovuto prendermi cura anche di lui, prima o poi, non potevo lasciarlo camminare nella vita da solo, era troppo indifeso...

Mia madre, invece, era impenetrabile. Andava a lavorare, tornava dal lavoro, lavorava in casa: aveva sempre da fare. E mi stava lontana, mi teneva fuori dalla sua vista. Forse voleva darmi tempo, forse stava riflettendo su che tattica adottare.

Benché fossi, in quel periodo, praticamente figlia unica, sentivo di essere orfana. Anzi, peggio, abbandonata.

Mio padre mi abbandonava per troppo amore, mia madre perché l'avevo delusa e non meritavo che lei continuasse ad amarmi. Certo, vivevamo negli stessi spazi, mi salutava al mattino con un "dormito bene?", e alla sera non tralasciava mai il bacio sulla fronte. Ma io sentivo che mi aveva allontanato definitivamente da sé. Io, sua figlia, ero una persona con dei problemi, una delle tipe con le quali aveva a che fare per lavoro.

Se si fosse avvicinata per abbracciarmi, avrei potuto avere una crisi isterica. Ma il suo ostinato rispetto dei confini tra il suo corpo e il mio mi faceva rabbia e dolore.

Avevo bisogno d'amore, ma guai a chi se ne fosse accorto e si fosse avvicinato troppo.

Fu in quei primi giorni di luglio che decisi di fare il liceo linguistico, cosí, all'improvviso.

La preiscrizione, a gennaio, l'avevo fatta all'Istituto Geometri, a caso, tanto per non assecondare le indicazioni dei test di orientamento. Potrebbe frequentare corsi superiori di ogni tipo di indirizzo. Il che voleva dire liceo classico o liceo scientifico. Ogni tipo di indirizzo e poi solo quei due. E allora i Geometri.

Poi, in una sera dei primi di luglio, ripensai ai nomi di alcuni personaggi femminili delle *soap operas* che seguivo a pieno ritmo, per via di tutta quella profusione d'amore che per me era come una calamita.

June, April, May. Erano i nomi dei mesi di primavera. Feci persino una piccola ricerca ed ebbi la conferma che solo i nomi dei mesi primaverili potevano essere anche nomi femminili.

Beh, fu una cosa che mi piacque molto, la lingua che aveva avuto quell'intuizione doveva essere una grande lingua. E io la scelsi. D'istinto.

April, May, June. Per me avrei scelto June.

Riflettei anche su quella che avevo sempre considerato solo una stupida complicazione dell'inglese, e cioè che le parole non si scrivono come si dicono e non si dicono come si scrivono.

Quella sera mi accorsi che l'inglese è una lingua capace di custodire misteri e segreti.

Le parole non sono solo come si scrivono. Le parole non sono solo come si dicono.

June scritta non è June chiamata.

June non sta tutta nella voce, è di piú.

June è piú dolce chiamata che scritta.

La dolcezza di June si scioglie in bocca.

Io sono June. June. Junie. Junie Moon. Dimmi che mi ami Junie Moon.

Non mi fu difficile convincere i miei a rifare tutte le pratiche per iscrivermi al liceo linguistico. Non perché tenessero particolarmente alle lingue o avessero qualcosa contro i Goemetri. La verità è che avevano paura, paura di contraddirmi.

Anch'io avevo paura, ma loro di piú.

E poi io avevo Giulia.
Giulia era mia amica.
Io sono te, cominciava lei.
Io sono te e una coda di cane, proseguivo io.
Io sono te e una coda di cane felice.
Io sono te e una coda di cane felice perché ti ho visto.
Io sono te e una coda di cane felice perché ti ho visto arrivare da me.

Ci vedevamo ogni volta che potevamo.

Lei era innamorata,altro che "non lo rivedrò piú!", ma il suo ragazzo io continuavo a non vederlo e a non sapere chi fosse, e la cosa un po' mi dispiaceva, perché mi escludeva. Mi sarebbe piaciuta un'altra coppia da proteggere, da accudire.

Poi un giorno mi comunicò tra le lacrime che il padre l'aveva mandato in un collegio tra le montagne per tutta l'estate per fargli recuperare un anno scolastico disastroso. In realtà, volevano che si togliesse di testa lei e la passione per la musica, suonava benissimo il sax, ma non faceva altro...

Giulia dunque soffriva per amore e io dovevo occuparmene perché aveva solo me. Persino zia Nenette aveva detto:

— «Non c'è nulla che possa rasserenare l'animo come la parola di un amico fidato.» Seneca. Adunata illustrata.

E i suoi genitori erano sempre via, per lavoro, credo.

A esami finiti, la situazione in casa non migliorò. Anzi. Il motivo che poteva suggerire a tutti di evitare le occasioni di conflitto era venuto meno e la tensione lievitava.

Mio fratello stava facendo i suoi, di esami, ma era sempre dall'amico... "studiamo meglio, abbiamo gli stessi ritmi e nessuno ci disturba..."

Mio padre era sempre piú taciturno e insopportabilmente gentile. Mia madre sembrava sull'orlo di una crisi di nervi.

Che scoppiò in piena regola la sera del 5 luglio, alle

ore venti e qualche minuto, quando comunicai che Giulia mi aveva invitata ad andare al mare con lei e quindi...

— E quindi non ci vai! — mi sentii interrompere da mia madre, seccamente.

— Aspetta, parliamone con calma — si mise di mezzo mio padre, col solito garbo eccessivo.

— Non intervenire, scusa — non lo lasciò proseguire lei — e fammi parlare. Perché non ne posso proprio piú!

Il tono della voce le si stava alzando troppo per i miei gusti, e io feci per andarmene.

Ma lei mi afferrò per un braccio e mi sbatté a sedere sulla prima sedia a tiro e:

— Tu ti fermi, invece, signorina — si mise a gridare. — Ti fermi e mi ascolti finché non avrò finito. Perché io ne ho fin sopra i capelli di te e di tutte le tue sceneggiate, chiaro?!

Io rimasi immobile, con lo sguardo perso nel vuoto.

— E guardami, per favore! — riprese con la voce sempre piú stridula. — Smettila di nasconderti e di evitarmi. È piú di un mese che fai il bello e il cattivo tempo. Minacciando chissà quale autodistruzione ci hai ridotti a tremare di paura nella nostra stessa casa. Ma io non ti credo, mi senti? Non ti credo piú. Con me non attacca. Non mi piacciono le commedianti. Se vuoi distruggerti, muoviti, ma non aspettarti che io collabori o faccia da testimone muto. Sai che cos'hai tu? Ti rifiuti di crescere, ecco tutto. Ti dai arie da grande, ma sei solo una bambina. Ma la colpa non è mia, sai. Tu cerchi di incastrarmi, ma ti avverto che è fatica sprecata. Non cercare di mettere in discussione me perché tu sei in difficoltà. Col mio lavoro, incontro tutti i giorni ragazzi e ragazze della tua età che si bucano, rubacchiano, si buttano via e, appena provi a farli pensare se ne vengono fuori con accuse generiche al padre, alla madre, alla famiglia e alla società. Sono solo alibi e non servono a scagionarli. Basta nascondersi dietro gli altri. Non ho meriti e non ho colpe nei tuoi confronti, se non quelli di averti messo al mondo e portato fin qui! Sei forte. L'ho constatato da me. La metà dell'energia che stai usando contro te stessa è piú che sufficiente per tirarti fuori, se ti decidi a usarla a tuo favore. Basta, basta! — A quel punto mi si portò davanti e mi urlò sulla faccia: — Non mi riguarda quello che vuoi fare di te stessa, ti è chiaro?

Io, con lo sguardo sempre perso nel vuoto, le risposi:

— Sai che scoperta. Lo so da sempre che non ti riguardo.

Questo no, questo non dovevo dirlo. Sapevo che avrei colpito, ma non a quel punto. Si raddrizzò e mi schiaffeggiò con violenza. Io incassai senza una piega. Lei cominciò a comportarsi da matta. Piangeva, faceva strani versi, mi strattonava dove e come le capitava.

Io rimanevo impassibile. Volevo riuscire a farla vergognare di se stessa. Ci sarei riuscita.

Mio padre, che aveva assistito alla scena senza intervenire, ad un certo punto si avvicinò e, con fatica, riuscí ad allontanarla da me. Tenendola con forza per le braccia, la guidò verso il divano, la fece sedere e poi le si sedette vicino, un braccio attorno alle spalle, la mano stretta nella mano. Lei non smetteva di piangere, lui la consolava.

Bene, io potevo andarmene.

Loro si amavano, il loro amore aveva subíto un grave insulto, dovevano ritrovarlo, riaddomesticarlo, convincerlo a rimanere, a non lasciarli.

Io ero da sola, invece, e non avevo di questi problemi.

Io potevo permettermi di soffrire senza ferire nessun altro.

Andai in camera mia, presi qualche cassetta di musica e, seguita da Spuma, uscii, uscii per andarmene.

Camminai a lungo, a caso. Ad un certo punto mi accorsi di essere vicina alla casa di Giulia. Nella stanza di zia Nenette c'era la luce. Erano le undici passate. Suonai il campanello. Sentii aprire le finestre e la voce della zia dire:

— «L'intelletto cerca sempre ma chi trova è il cuore.» George Sand. Equazione enigmistica.

Ma quanto deve durare la ricerca, prima del ritrovamento? E io ero solo all'inizio.

A casa di Giulia, feci, per la prima volta dopo non so quanto tempo, un pasto normale, completo, abbondante direi. E pensai che arrivare in una casa e sentirsi accolti è anche sedersi a tavola e mangiare. E vedere che danno da mangiare anche al tuo cane.

Verso mezzanotte suonò il telefono. Rispose Giulia. Erano i miei. Sí, ero da lei, e Spuma era con me. Stavo bene e avrei passato lí la notte. Ma non volevo parlare con loro.

La mattina dopo, quando mio padre si presentò, prudentemente solo, trovò zia Nenette e Psycho seduti sui gradini ad aspettarlo. Quella vecchietta grigia e il suo gatto arancione non sapevano bene chi fossi ma mi avrebbero difeso con il loro corpo.

Appena vide mio padre, zia Nenette gli fece cenno di avvicinarsi. Quando lo ebbe di fronte, lo fece chinare verso di lei e gli suggerí la chiave di lettura del comportamento che avrei tenuto nei mesi prossimi venturi:

— «È molto piú difficile dimenticare che perdonare.» Balzac. Frase polillustrata.

Sta di fatto che mio padre fece dietro-front e, nel pomeriggio, tornò, sempre solo, con una borsa. Dentro c'erano magliette, jeans, costumi da bagno e sandali.

Io non volli vederlo. Tornasse a casa dalla sua unica bambina, non c'era ragione che si preoccupasse di me.

Spuma? Neanche Spuma. Sarebbe rimasto con me. Fosse stato necessario, ci avrei pensato io a farlo tornare a casa.

Tanto di cosa e di chi avevano bisogno, loro? Erano innamorati e potevano tornare a esserlo a tempo pieno, la scassapalle era lontana e il figlio prediletto sarebbe tornato gloriosamente promosso. Serviva altro?

Ma quell'estate, che si era avvicinata in modo burrascoso, si sarebbe poi lasciata vivere quasi con generosità.

Ho ballato la mia prima estate, posso dire. Ma, da allora, sto aspettando ancora la seconda…

Zia Nenette, Psycho, Giulia, io e Spuma non eravamo una famiglia, ma funzionavamo magnificamente. Persino Psycho e Spuma si accordarono presto: la casa era di Psycho, io ero di Spuma, e nessuno dei due aveva intenzione di ridiscutere territori e possessi. D'altra parte io non suscitavo l'interesse di Psycho e Spuma aveva già una casa da custodire, nella memoria. Una casa lasciata per forza maggiore non è ancora una casa sparita o perduta. Spuma ne era piú convinto di me.

I genitori di Giulia tornavano al sabato pomeriggio e ripartivano al lunedí mattina.

Quando mi videro non fecero una piega, e neppure quando mi rividero otto giorni dopo. Credo non abbiano realizzato ancora adesso che quell'estate la passai tutta nella loro casa. Ma credo avrebbero fatto lo stesso se, invece di me, Giulia avesse ospitato uno struzzo o una squadra di football americano. Vivevano la loro vita, e quella degli altri non li turbava minimamente. Non dicevano mai di no, ma non so quanto si accorgessero di quello che accadeva intorno a loro. Non ho mai capito bene che tipo di lavoro facessero, e neppure Giulia, del resto. Compravano da una parte e vendevano dall'altra, ecco, e trattavano ogni genere di merce. Non so quanto guadagnassero, ma in casa non mancava nulla, e per me era molto rilassante non sentir fare discorsi di soldi e non dovermi chiedere chi pagasse.

— «Dall'avere deriva l'avere.» Meuriere. Il triolo in comune — aveva oscuramente sentenziato una volta zia Nenette.

Del resto io non avevo nulla a che fare con i genitori di Giulia, io ero amica di Giulia e basta. E di zia Nenette.

Una sera seppi da Giulia che chi aveva veramente i soldi era la zia. Benché ora sembrasse una vecchia tranquilla e un po' matta, tutta Settimana Enigmistica e completini di lana, da giovane era stata una grande viaggiatrice solitaria, zia Nenette. Lei e la sua gemella, la nonna di Giulia, non potevano essere piú diverse, anche se erano molto legate.

La nonna di Giulia a diciotto anni era già sposata e, prima ancora dei diciannove, aveva avuto una figlia. Zia Nenette, il giorno del matrimonio della gemella, era partita e se ne era andata per il mondo, a fare ora l'istitutrice ora la dama di compagnia. Guadagnava un po' di soldi e poi li spendeva viaggiando da sola. In uno di questi suoi viaggi aveva conosciuto un viaggiatore solitario come lei, un eccentrico scozzese di una certa età, collezionista di farfalle. Cominciarono a viaggiare insieme, forse anche a vivere insieme. Certo si amarono, cioè forse, di preciso non si sa, queste erano solo supposizioni di Giulia, perché la zia dei fatti suoi non parlava mai con nessuno.

A un certo punto, però, zia Nenette fu raggiunta dalla notizia che sua sorella e suo cognato erano morti in un incidente stradale e che la sua nipotina era rimasta sola al mondo. Decise all'istante di prendersi cura della piccola e tornò a casa. Ma il suo compagno di viaggio, a quanto pare, non la dimenticò mai. E, circa dieci anni piú tardi, zia Nenette ebbe una sorpresa. Un notaio di Edimburgo si mise in contatto con lei per comunicarle che era l'erede universale di quel signore, ultimo discendente di una antica famiglia.

E cosí zia Nenette diventò straricca.

Giulia mi ha detto che con quei soldi ha allevato sua madre, comprato la casa dove abitano e quella al mare, mantiene lei e paga un sacco di cose perché i suoi genitori non è che guadagnino regolarmente.

Mi piacerebbe tanto una vita come la tua, zia Nenette, anche se adesso sembri un po' rimbambita.

Ma io credo che sia una specie di trucco e che tu ti diverta, invece, a fare la Sibilla…

A casa di Giulia, in quei giorni, avevo ripreso a mangiare, quasi senza accorgermene. Forse perché nessuno aveva l'aria di guardare se e come e quanto mangiavo. Nessuno mi controllava, e non c'era nessuno che io volessi controllare.

Dopo quattro giorni che ero a casa di Giulia, mia madre si decise a venire di persona.

Forse aveva parlato con qualcuno del suo giro, psicologhe, psichiatri, psicanalisti, maghi, cartomanti, aveva di che scegliere, e si era fatta dire come comportarsi; forse aveva riletto qualche manuale sugli adolescenti in crisi, non lo so, ma non fece scene, anzi, si controllò piuttosto bene e credo se ne sia andata molto soddisfatta di sé e convinta di avere fatto le cose come si deve.

Non aveva fatto ironie gratuite sul bruco che diventa farfalla.

Non aveva avuto reazioni isteriche quando l'avevo provocata con un: "Se era solo per dirmi stupidaggini, potevi risparmiarti la strada, addio...". E non se ne era andata.

Non mi aveva minacciato col ricatto della sua sofferenza.

Non mi aveva proposto finti armistizi, tipo: "Vieni che andiamo a comprarti qualcosa che ti piace."

E non aveva sottovalutato la mia fuga, riducendola a un capriccio passeggero, a un'alzata di testa e alla voglia di andare al mare.

Inoltre mi aveva proposto che le lasciassi riportare a casa Spuma:

— ... Vedessi Nizzi come guarda dalla nostra parte...

E poi mi aveva allungato una busta:

— Ci sono dei soldi, per un mese dovrebbero bastare, non spendere a vanvera e collabora alle spese di casa, se i tuoi ospiti accettano, oppure invitali a cena, offri il gelato, trova un regalo per la casa, insomma, vedi tu!

Era proprio venuta in missione di pace. Feci la prova:

— Non voglio i vostri soldi! — replicai, dura, respingendo la busta.

— Non essere sciocca. Finché non sarai in grado di

mantenerti, sei costretta a contare sugli altri. Nessuno fa la fila per reclamare il diritto di mantenerti, e comunque noi siamo i primi. Lo sappiamo e l'abbiamo anche scelto. Prendili, su!

— Non spenderò nemmeno una lira! — tenni a ribadire, prendendoli.

— Non voglio nemmeno saperlo — fu la risposta. — Per noi è come fossero già spesi.

Poi mi chiese se poteva salutarmi.

— Ciao — feci io, un po' strafottente.

Ma lei mi prese tra le braccia e mi strinse forte.

Se voleva abbracciarmi, prego, ma non s'aspettasse che la ricambiassi, e non si mettesse a fare la patetica.

Intanto, con la faccia sulla sua spalla, constatai che ero ormai alta quanto lei, avevo il naso al suo collo e il suo odore era quello che ricordavo, forse solo un po' piú asciutto, un po' piú triste.

— Buona estate — disse piano dopo un po' — buona estate da tutti...

Poi mi lasciò andare e si mise a chiamare Spuma.

Spuma arrivò, guardò lei, guardò me e poi venne vicino a me.

Lei gli fece una carezza e poi si girò per andarsene. Camminava diritta, di sicuro non piangeva, cosí diceva il manuale, non ricorrere all'arma delle lacrime. Sarebbe stata davvero una carognata molto irritante.

Quando la vidi quasi al cancello, mi inginocchiai vicino a Spuma, gli presi il muso tra le mani e gli dissi:

— A casa. In macchina e a casa. Nizzi ti aspetta. Vai!

Era l'ordine che voleva. In quattro balzi fu al cancello. Quando se lo vide al fianco, mia madre lo prese per il collare e alzò l'altra mano per salutarmi.

Era una specie di patto. Lasciavo tornare a casa qualcosa di mio, Spuma che amavo, non me ne andavo del tutto, e probabilmente sarei tornata. Poteva bastare, per ora.

Feci un giro per il giardino e poi chiamai Giulia. Avevo chiesto a lei e a zia Nenette di lasciare che me la vedessi da sola con mia madre.

— «Chi risparmia a pranzo farà lauta cena.» Incastro — aveva commentato zia Nenette. Boh!?

Al mare, le giornate diventarono infinite. Arrivavano fino alla linea dell'orizzonte, toccavano, poi, come i nuotatori provetti, si rigiravano e ricominciavano.

La prima settimana si fermarono con noi anche i genitori di Giulia. Che tipi strani. Volevano fare qualcosa di eccezionale ogni giorno, sembravano dei bambini golosi, mai stanchi di gelati e di giostre. Stargli dietro non era uno scherzo. Vedere questa cosa, conoscere quella, visitare quell'altro posto, sempre in ballo, una noia, e poi pranzo e cena al ristorante. Preferibilmente in quei posti terribili dove devi dimostrare ai camerieri che sei all'altezza di quello che mangi... ossia, per me, di quello che vomiti. Perché avevo ricominciato.

Far mangiare Giulia era l'unica preoccupazione che sua madre nutriva nei suoi confronti. All'inizio pensavo fosse un modo per coccolarla e compensarla di tutte le sue assenze, poi cominciò a venirmi il dubbio che lo facesse per farla ingrassare. Lei aveva solo trentasette anni, si sentiva giovane e voleva rimanerlo, quella figlia già cosí bella a soli quattordici anni era una minaccia...

Quando, di notte, lo dissi a Giulia, lei si mise a ridere ma mi diede ragione e ricordò le volte che erano uscite a comprare qualcosa per lei, lei Giulia, e poi a mettersela era lei, la madre. Non ha imparato niente da zia Nenette.

D'altra parte Giulia mangiava e non ingrassava. Le odio, quelle come lei.

— È che io faccio sport, brucio tutto quello che mangio! — mi spiegava lei. — Dovresti fare come me. Perché non impari a nuotare, per esempio?

Me lo propose il giorno in cui i suoi genitori fortunatamente partirono (e in cui io sfortunatamente constatai che avevo ripreso ben sette chili).

Ma non ci fu verso. Non che io avessi paura dell'acqua, era il principio di Archimede, piuttosto, a fare eccezione con me. Non galleggiavo in nessun modo. Giulia mi fece provare in tutte le posizioni, mi insegnò con metodo e pazienza, mi sgridò, mi minacciò, mi prese in giro, mi buttò in acqua di sorpresa contando sul mio istinto di sopravvivenza, e meno male che lei aveva seguito anche il corso di salvataggio...

Zia Nenette ci guardava dalla sdraio, dove stava seduta avvolta in un caffettano che la copriva dal collo ai piedi, e sorrideva.

Solo negli occhi di Psycho notai una certa solidarietà.

Giulia va al mare nello stesso posto da quando è bambina. E cosí ha la sua compagnia che ritrova tutti gli anni.

Quell'anno fu anche la mia compagnia.

Ci vedevamo tutte le sere dopo cena.

La cosa piú bella era quando andavamo sulla spiaggia.

Il mare di notte mi piaceva piú che di giorno.

Il mare di notte era tutto. Io pensavo che anche il cielo fosse liquido, e io pure.

Gli altri facevano il bagno, io no, non ne avevo bisogno. Ero mare anch'io, senza bagnarmi.

E li guardavo, e intanto cantavo a mezza voce, o recitavo poesie, pezzi, che mi venivano in mente, che inventavo a caso.

Una notte cantai *Suzanne*, l'avevo imparata tutta:

For he's touched your perfect body with his mind
For I've touched your perfect body with my mind.[1]

Volevo che Ghigo mi sentisse.

Ma Ghigo non era per me, lo sapevo. Nessuno era per me. E io avrei voluto andare, via, via da questo mondo. Era troppo per me, e niente, nello stesso tempo. Io avrei voluto qualcosa. Qualcuno. Ghigo.

Sentivo Giulia ridere in acqua. Chi troppo e chi niente. E il niente toccava sempre a me.

1) "Perché lui ha toccato il tuo corpo perfetto con il suo pensiero. Perché io ho toccato il tuo corpo perfetto con il mio pensiero."

Senza i genitori di Giulia, la vita diventò completamente nostra. Ci alzavamo quando capitava, mangiavamo quando e quello che ci garbava, stavamo in spiaggia a piacere. Ognuno faceva assolutamente quello che voleva. Era davvero vacanza totale.

Zia Nenette si alzava prestissimo, Giulia e io tardissimo perché non ci addormentavamo prima delle cinque del mattino. Zia Nenette faceva il sonnellino al pomeriggio, perché la notte era rigorosamente dedicata all'enigmistica, noi a quell'ora ci alzavamo e facevamo colazione. In compenso, verso le quattro andavamo in spiaggia insieme e insieme tornavamo per la cena. Cucinavamo a turno.

Io avevo ripreso a mangiare in modo quasi normale. Solo ogni tanto sentivo il bisogno di vomitare, come per liberarmi di un peso che sentivo sullo stomaco, anche se sapevo che aveva ben poco a che fare col cibo.

— Attenta, Gasp, Ghigo piace anche a me — mi provocò una sera Giulia.

— E il tuo recluso? — le ricordai io, sprezzante.

— Eh, chi non muore si rivede!... — scherzò lei.

— Sei matta. Matta ed egoista. Solo poche settimane fa morivi d'amore e adesso...

— E adesso rido, meglio no?! E poi via, non prendertela, tanto lo sai che Ghigo non ha occhi che per te...

— Non prendermi in giro.

— Ma come, ti do una bella notizia, ti annuncio che hai già fatto centro, e sul meglio della compagnia, e tu mi dici di non prenderti in giro. Ah, sei troppo complicata!

— Troppo complicata e anche un po' scema — cominciai io.

— Troppo complicata e anche un po' scema ma profumi di gelato — continuò lei.

— Troppo complicata e anche un po' scema ma profumi di gelato e un giorno litigheremo a morte.

— Troppo complicata e anche un po' scema ma profumi di gelato e un giorno litigheremo a morte ma avrò ragione io.

— Troppo complicata e anche un po' scema ma profumi di gelato e un giorno litigheremo a morte ma avrò ragione io e tu dovrai riconoscerlo...

Andai in bagno. Ma per vomitare bene e senza fatica bisogna farlo subito appena mangiato. Dopo è un tormento.

E poi mi era impossibile essere arrabbiata con Giulia. Lei era già lí, dietro di me, col mento appoggiato sulla mia spalla...

Quando si metteva cosí, qualunque cosa ci fosse stata, io sapevo che l'amavo, e che l'avrei amata per sempre.

Un giorno arrivò mio fratello a trovarmi. Fece tappa mentre andava in Sicilia in moto a trovare la sua Mari-Lia. Permesso-premio per la promozione.

— Ti hanno mandato loro? — gli chiesi sospettosa appena mi comparve davanti.

— No. Solo una botta di nostalgia. Anche se non mi credi. Sopravvivo lo stesso. Ti trovo bene, sai, non so se è merito del mare, della compagnia che hai, o di quella che non hai... e che vedo non ti manca proprio... Lei, invece, sai, è come fissata su te. Sono stato poco a casa ma non l'ho mai sentita parlare d'altro che di te, al telefono e con gli ospiti. Te e i tuoi digiuni, te e le tue abbuffate, te e le tue risposte, te e i tuoi atteggiamenti ribelli, te e i tuoi conflitti, e se quando torni bisogna mandarti dallo psicologo, anzi no, dallo psicanalista, o dallo psichiatra, non mi ricordo, ma forse è il caso di andarci tutti perché è chiaro che la cosa coinvolge l'intera famiglia, e forse non è stata una buona idea quella di lasciarti andar via da sola, o forse sí, ma fino a quando, e non ti sei fatta viva né con una telefonata né con una cartolina. Insomma, due palle al cubo. Ero passato giusto a darti un'occhiata, sicuro di dover chiamare il 113, e invece ti trovo benissimo. Sei diventata persino carina.

Si fermò a colazione con noi. Fu anche piú brillante del solito. Giulia mi disse dopo che ero davvero fortunata ad avere un fratello piú grande di me, e cosí bello, e cosí spiritoso, e cosí intelligente... In quel momento non avevo particolari motivi per smentirla, e le diedi corda.

Al momento di ripartire, mio fratello salutò zia Nenette con un inchino e le disse:

— In altri tempi avrei chiesto la sua mano, signora. Lei è una tipa formidabile!

— E lei è pazzo — gli rispose tranquilla zia Nenette — ma io sono «troppo orgogliosa per ricevere ricompense ma non per ricevere doni.» Kahlil Gibran. Enigma polisillabico.

Aveva conquistato anche lei.

Mio fratello ripartí nel primo pomeriggio. Un pezzo della mia famiglia era entrato nel mio nuovo territorio. Non c'erano stati scontri e non ne avevo riportato danni. Bene, era piú che sufficiente. Poteva ripartire anzi, doveva. Buon viaggio, fratello, vai, la strada sia con te.

Venne la notte di san Lorenzo, dieci agosto. Non si poteva non passarla sulla spiaggia con il naso all'insú, inseguendo stelle cadenti ed esprimendo desideri.

— Vieni, Gasp, su, stasera non puoi chiamarti fuori — mi sentii dire da una voce che avrei riconosciuto sempre.

Era Ghigo, Ghigo che mi aveva preso per mano e cercava di farmi alzare.

Io resistevo, non perché non volessi, no, ma perché, la pelle della sua mano, cosí vicina alla mia, a me, era un desiderio che si avverava prima ancora che...

— Persino le stelle si buttano in mare, stasera... — mi informò sorridendo.

— Ma loro non hanno paura... — gli risposi piano io.

— Ma tu puoi contare su di me — continuò lui. — Vieni, cammina solo nell'acqua, cosí, un passo dopo l'altro, e lasciati andare. — Mi teneva per mano. — Cosí, brava. Adesso fai come me, immergiti nell'acqua, qui si tocca ancora, senti, non può succederti niente. — La sua mano non mi lasciava. — Ora cerca di muovere le braccia come se nuotassi, non importa se tocchi con i piedi, tu muovi le braccia, ecco ti lascio la mano… adesso, su…

Mi aveva lasciato, ma la mia mano sentiva ancora la stretta della sua.

… E mi trovai sollevata a fior d'acqua, a spostarmi come se nuotassi, ma io non stavo nuotando, lo sapevo bene. Era Ghigo che nuotava. Si era infilato come un pesce sotto di me e, con me appoggiata sulla sua schiena, nuotava…

Non mi aveva lasciato. La sua pelle non aveva lasciato la mia…

— Vedi, è facile, devi solo continuare a muovere le braccia e le gambe, il resto viene da sé!

Obbedii. Con la guancia appoggiata alla sua schiena, alla sua pelle, mi spostavo adagio nell'acqua, portata da lui. Sbattevo i piedi, muovevo le braccia, con calma, galleggiavo. Gli occhi chiusi, per guardarmi dentro e vedere quanto ero felice. Non era un sogno. E il mio letto era… non scorrere tempo, non andartene Ghigo, quello che sto vivendo è piú di quello che ho sognato. Stelle cadenti.

E per la prima volta sentii il mare intorno a me, non come il vuoto nel quale rischiavo di sparire, ma come un'immensa e morbida massa protettiva tra me e il vuoto. Il mare mi difendeva e mi tratteneva dall'essere risucchiata dal nulla…

Poi sentii la sabbia sotto la mia pancia, e la voce di Ghigo al mio fianco.

— Hai visto, ce l'hai fatta!!

Eravamo tornati a riva, me ne ero accorta, ma io non ero piú su di lui, ma accanto a lui:

— Come è possibile — dissi stralunata — io non so nuotare!

— E allora come hai fatto, secondo te, a tornare a riva?

— A tornare a riva? Io? Ma non mi ci hai portato tu? Non ero sulla tua schiena e tu?…

— Sí, all'inizio, per portarti al largo.

— Al largooo?!?!? Io, al largoo?!?!

— Tu al largo, sí. Quando ti ho sentito bella rilassata, ho pensato che fosse il momento giusto per provare… cosí ho virato in direzione della riva… e me ne sono scivolato via…

— Coosaaaa?!?! — Non credevo alle mie orecchie.

— E io…

— E tu sei stata a galla. Ti portava il mare.

— Sei pazzo, sei completamente pazzo. Ti rendi conto che avrei potuto annegare?

— Impossibile — sorrise lui. — Ti avrei ripreso e riportata a galla.

— Piantala. Con il buio che c'è, non avresti neanche visto dove ero finita!

— Ma se ti stavo a due centimetri!… Bastava niente per prenderti tra le braccia.

Che cretina ero stata, proprio allora doveva risvegliarsi il mio istinto galleggiante, bella occasione avevo sprecato…

Ma quello che avevo avuto non me lo avrebbe tolto nessuno. Accettai il fatto che potevo stare a galla, uscii dall'acqua e corsi per la spiaggia come un cane felice. Chi voleva prendermi avrebbe dovuto avere le ali. Ma quella era la mia notte, e qualcuno… Ghigo… mi prese per una caviglia e mi tirò giú nella sabbia. Poi mi baciò.

In una sola notte imparai cosí che, per stare a galla, basta non opporsi al mare, ma affidarsi a lui.

E che i nasi, quando ci si bacia, trovano per conto loro come mettersi. Potevo fidarmi del mare, e del mio naso.

Aspettammo l'alba sulla spiaggia, abbracciati, vicini, tutti. Giulia mi provocava:

— Due settimane di *full immersion*, metto in atto tutte le strategie capaci di far nuotare anche i sassi, ma lei niente, non se ne parla… poi, in una notte sola… Ditemi voi se non devo prendermela!

Io ridevo. E Ghigo:

— Certo che devi prendertela. Perché la colpa non era dell'allieva ma del metodo e della maestra...

— Vedremo se dura davvero — ribatté lei — o se è solo un incantesimo passeggero.

Io me ne stavo rannicchiata contro Ghigo e mi divertivo: ero al centro di una scenata di gelosia, che godere... Poi, a uno a uno ci addormentammo, mentre l'alba si avvicinava. Feci in tempo a vedere di che colore è la fronte del mondo quando si sveglia...

Quando ci svegliammo, zia Nenette era seduta sulla sua sdraio, avvolta nel solito caffettano, con un cesto colmo di pezzi di focaccia calda:

— «A volte un solo istante restituisce ciò che molti anni hanno tolto.» Linotipia a chiave.

Se l'istante dura poi una notte intera...

and you want to travel with him
and you want to travel blind
and you think maybe you'll trust him.[1]

A quell'estate devo la convinzione che anch'io potevo e volevo essere felice.

Solo ogni tanto mi prendeva una specie di malinconia, di senso d'abbandono.

Io me ne ero andata, è vero, e non avevo dato piú notizie, vero, ma i miei si erano ben guardati dal cercarmi. Il passaggio di mio fratello d'accordo, ma non una telefonata, non una lettera, non una visita. Ero figlia di nessuno.

Un pomeriggio in cui zia Nenette mi colse in uno di quei momenti di rabbiosa depressione, mi mise sotto gli occhi una pagina della Settimana Enigmistica con su scritto: «Anche l'ora piú triste ha sessanta minuti.» Frase polillustrata.

Sessanta minuti di piombo.

Io sono una lacrima.

1) "E tu vuoi viaggiare con lui e tu vuoi viaggiare anche alla cieca e pensi che di lui puoi fidarti."

Io sono una lacrima di lucertola verde.
Io sono una lacrima di lucertola verde smeraldo.
Io sono una lacrima di lucertola verde smeraldo e sto appesa al collo.
Io sono una lacrima di lucertola verde smeraldo e sto appesa al collo del mio amore.

Venne, inesorabile, il 29 di agosto. Il 30 mattina bisognava ripartire.

Avevamo solo una notte per gli addii.

Seduti in riva al mare facemmo catena con le mani e cantammo le nostre canzoni. Chi doveva partire avrebbe voluto rimanere. Chi doveva rimanere avrebbe voluto partire.

Piansi solo quando fui a letto. Anche Giulia.

Al mattino, sull'uscio di casa, trovammo un metro quadrato di focaccia. "Un buon giorno da mangiare può talvolta rallegrare, ciao, Ghigo."

Fu la nostra colazione e il nostro pranzo. Un pezzo lo avvolsi in tre strati di carta d'argento e me lo misi nella borsa per portarmelo a casa.

All'uscita dell'autostrada, il padre di Giulia, che era venuto a prenderci, chiese ad alta voce:

— Dove porto Gasp? A casa nostra o a casa sua?

— «La prima cosa nella vita» — si mise a recitare zia Nenette — «è saper cogliere un'occasione e la seconda è sapere quando bisogna lasciarla perdere.» Le inserzioni.

Avevo capito.

Giulia mi guardò.

Io le presi la mano e risposi ad alta voce:

— A casa mia, grazie.

All'inizio della strada sterrata, mi sentii dire:

— Non è necessario che mi accompagniate, grazie. E poi preferisco fare due passi.

Presi la mia roba, salutai e ringraziai. Addio Giulia. Ti telefono stasera.

Io sono una parola.

Io sono una parola da non dire.

Io sono un parola da non dire e da non dimenticare.

Io ti voglio bene.

Dunque stavo tornando a casa. Dopo circa due mesi di assenza, e di mia spontanea volontà.

Mi sembrava che nulla fosse cambiato... Avrei potuto star via chissà quanto ancora. I fili d'erba non ne avrebbero risentito e neppure i sassi della strada. Io, non so... Guardai il cielo.

Appesantito dalla troppa umidità, si appoggiava alle piante, che lo reggevano con aria provata ma senza risentimento, doveva aver approfittato della loro disponibilità per tutta l'estate... L'erba era troppo alta e stava seccando ancora in stelo, perché non l'avevano tagliata?

Camminavo adagio ma senza fermarmi. Una parte di me avrebbe voluto essere già a casa, una parte avrebbe continuato a vagare all'infinito...

Ad un certo punto mi sembrò di vedere una nuvola di polvere in fondo alla strada, là dove curvava e scompariva tra gli alberi. Della polvere in un pomeriggio cosí appicicaticcio mi parve un segno di allegria e di benvenuto.

Non c'erano rumori, non si udivano voci... e com'era, allora, che sentivo distintamente il mio nome nell'aria, per quanto abbaiato... Sí, era proprio lui, il mio amico dal naso umido e dalle orecchie a punta, il mio fratello di pelo e di corse, Spuma mi aveva sentito e mi stava correndo incontro. Ci rotolammo nell'erba abbracciati... Chi ti ha tolto le zecche, quest'estate, mentre io non c'ero? Nessuno, vero, nessuno, e adesso sarai infestato da far schifo, beh, pussa via, gli dicevo, mentre con le mani gli tiravo la pelle tra il collo e le orecchie costringendolo a muovere il muso di qua e di là e a stralunare gli occhi. Vieni qui, fammi vedere, eccole le carogne. Su, a casa a ripulirci come si deve!

E mi misi a correre verso casa. Spuma correva con me, appena mi superava di qualche metro, si voltava e tornava indietro a verificare che ci fossi, con un fremito lungo il corpo che gli disegnava una specie di S in movimento dal collo alla coda. Com'era dimagrito, però.

Un centinaio di metri prima del cancello, smisi di correre e lasciai che fosse la casa a venirmi incontro. Vedevo solo le finestre del primo piano. Le persiane erano chiuse. Certo, per via del caldo.

Vidi Nizzi nel suo giardino e feci una deviazione per andarla a salutare. Sembrava contenta di rivedermi, ma aveva anche qualcosa d'altro da dirmi... "Sei tornata, meno male. Ma come hai potuto stare via cosí a lungo?!..."

... Sono tornata, Nizzi, non basta? Non farmi la predica, su, sai che ho già chi non me le risparmia...

Sembrò capire, mi leccò la mano e agitò la coda. Grazie, vecchia brontolona.

Bene, ero finalmente pronta a riprendere contatto con quella che era casa mia, gruppo familiare nell'interno compreso.

Ferma sul cancello, considerai la casa nel suo insieme. Non faceva schifo. Aveva solo un'aria molto silenziosa, quasi abbandonata. Erano tutti fuori, e proprio il giorno che io tornavo. Gentili. D'altra parte come potevano saperlo, se non li avevo avvertiti. Mica erano dotati dell'infallibile istinto di Spuma.

Ci rimasi un po' male, però. Tornare a casa è pur sempre tornare a casa. Ci deve essere qualcuno che ti aspetta, ti apre la porta e le braccia. Che ritornare è, sennò? Allora vuol dire che potevi star via ancora un bel pezzo.

Mi venne voglia di fare dietro-front e di tornare con Spuma da Giulia e zia Nenette. Tornare dall'inizio.

Ma non era questo che volevo, lo sapevo bene.

Non volevo tornare indietro. Sarebbe stato come

cancellare l'estate, la mia prima grande estate. No, non ero tornata per riprendere le cose, e la mia vita, dove le avevo lasciate al momento in cui avevo deciso di andarmene.

Questo mi fu chiaro, e mi fece sentire meglio.

E poi potevo chiamare chiusa una casa della quale avevo le chiavi? Un mio gesto e sarebbe diventata una casa aperta. Oplà!

Entrai. Non mi ci volle molto per capire che non erano fuori, erano via. La casa era totalmente oscurata. Accesi la luce. E mi balzò agli occhi il bianco di una busta appoggiata sulla mensola del telefono.

PER MAURO E PER GASP.
PER IL PRIMO DEI DUE CHE RITORNA.

A quanto pare, ero io.

26 agosto mattina

Cari ragazzi,
ci dispiace molto di non essere a casa ad aspettarvi. Ma abbiamo deciso di fare un viaggetto. Non sappiamo ancora dove andremo e neppure quanti giorni staremo via. Dipende da diverse cose.

Abbiamo seguito il vostro esempio...

Baci

papà e mamma

PS: I vicini si occupano di dare da mangiare a Spuma. Nella scatola dello zucchero c'è una bustina di cellophane con dentro 500.000 lire. Usatele per la spesa e tenete nota di quello che spendete. ABBIATE CURA DI VOI.

E guardali questi, che la casa non si poteva abbandonare, siamo matti, e l'orto e il giardino, e non possiamo permettercelo, con il mutuo ancora in ballo, dovete capire anche voi, ragazzi, e fare attenzione a quello che spendete...

E, invece, eccoli prendere e andarsene come due ragazzi scriteriati, senza lasciare un recapito, una destinazione, un telefono, una data di rientro. Complimenti, bel senso di responsabilità. Grazie tante. E la casa, che cos'è? Un albergo? No, ancora meno, perché in un albergo si usa prenotare e disdire con un certo anticipo. Egoisti, come se al mondo ci fossero solo loro e le loro lune. Ci facciamo un viaggetto. Dove l'avevano imparato, dagli sceneggiati americani?...

Telefonai a Giulia.

— Chiudi casa e vieni qui. Aspetta... Zia Nenette vuole che ti dica questo: «È molto piú facile combattere per i propri principi che metterli in pratica. Gourmont. Enigma centrale.» Secondo me è una distinzione idiota, non trovi?

No, Giulia, non trovo.

Ecco, ero veramente sola. Ma si può fare la doccia anche se si è soli. E bersi una bibita fresca in giardino, se per caso l'avessero lasciata in frigorifero. Invece c'era solo acqua. Due bottiglie d'acqua e due limoni. Grazie per il rifornimento, non dovevate preoccuparvi di lasciarmi un frigorifero debordante di scorte, sapete che sono sempre a dieta... Accidenti a voi!...

Per fortuna avevo ancora il pezzo della focaccia di Ghigo.

Elle était bonne aussi pour le coeur[1].

Mi scolai un'intera bottiglia d'acqua e poi andai a comunicare ai vicini che ero tornata, e che non si disturbassero piú per Spuma.

Verso le nove decisi di fare un giro nell'orto, per contare i cadaveri vegetali.

E invece non ne trovai uno. Anzi, c'era qualche fragolina matura pronta da cogliere.

Muovendo le foglie, mi accorsi di un tubo di gomma

1) "Faceva bene anche al cuore", *Il piccolo principe,* Antoine de Saint-Exupéry.

per terra. Correva per tutto l'orto e anche nel giardino. Doveva essere un sistema di irrigazione. Altri soldi. Trovati e spesi. A vantaggio della libertà di farsi un viaggetto. Ma anche della possibilità di trovare delle fragoline mature...

Mi ficcai nelle orecchie la mia musica e mi sedetti ad aspettare che venisse buio.

Quando mi decisi a guardare l'orologio, erano le due. A letto, Spuma, che ci fa alzato un ragazzino come te a quest'ora della notte? Via, a cuccia, furbacchione.

Il mattino dopo, quando fui ben sveglia, realizzai che ero a casa, avevo le chiavi, i soldi e un cane. Ero una vera padrona di casa e, per giunta, *single*. Che volevo di piú.

Per prima cosa c'era la spesa da fare.

Avevo un sacco di soldi. Se avessi saputo per quanto mi dovevano bastare, avrei potuto fare meglio i conti. Comunque avevo avanzato qualcosa anche di quelli del mare. C'era poi il rischio che tornasse mio fratello, con il suo pericoloso appetito... ma non potevo certo vivere di acqua e limone.

Presi la bicicletta e via. Di frutta e verdura non ce n'era bisogno, bastava quella dell'orto, per fortuna. Servivano pane, latte, yogurt e biscotti. All'ultimo momento decisi di prendere anche una Saint-Honoré, da dodici. Non si sa mai. Avevo portato la borsa termica. Brava ragazza.

All'ora di pranzo mi telefonò Giulia.

— Sono una *single* — la informai.

— Passerò il pomeriggio con te — decise lei all'istante. — Vengo in motorino. Regalo dei miei quattordici anni, in ritardo.

— In ritardo, hai un bel coraggio. Stai attenta alla camionabile, piuttosto.

— Sarò da te presto, alle due.

— Ti verrò incontro.

Era la prima volta che Giulia veniva a casa mia. Chissà se le sarebbe piaciuta. Prima di allora non l'avevo mai fatta arrivare fin lí perché temevo che casa mia sfigurasse troppo a confronto della sua. Ma forse esageravo. Non faceva poi cosí schifo. E quando ero tornata, lei, la casa, era l'unica che si era fatta trovare.

All'una e mezza mi mossi con Spuma per andare incontro a Giulia. Feci in tempo ad arrivare all'incrocio con la provinciale. L'aspettai per qualche minuto, poi vidi comparire un motorino rosso. Con il casco in testa era irriconoscibile ma, da come stava seduta, non poteva che essere lei. Montai dietro e ripartimmo.

Dopo un pezzetto, Giulia mi fece provare a guidare. Non era difficile, ci sarebbe riuscito anche un bambino, sali, metti in moto, le ruote girano e ti portano.

— I mei non me lo compreranno mai.

— Che ti frega. C'è il mio, tanto.

— Sai che comodità, visto che abitiamo cosí vicine.

— E invece è una fortuna, cosí i tuoi non lo sanno quando ci monti e vai.

— Figurati, me lo proibiranno.

— E chi l'ha detto che devono saperlo.

— Già, chi l'ha detto. Ma io lo so che non devo.

— Via, smettila di complicarti la vita...

Giulia doveva rientrare per cena, prima che facesse buio.

L'accompagnai per un pezzo, guidando io, poi la guardai andarsene. Sembrava una dea.

Io sono un cavallo.

Io sono un cavallo rosso.

Io sono un cavallo rosso con gli zoccoli d'acciaio.

Io sono un cavallo rosso con gli zoccoli d'acciaio e il vento mi ha appena detto.

Io sono un cavallo rosso con gli zoccoli d'acciaio e il vento mi ha appena detto: "Portami tu oggi, ho fretta!".

Io invece ero maledettamente a piedi e ci sarei rimasta. Grazie a quei due. Con tanti a disposizione, proprio loro mi dovevano capitare...

Rincasai. Non ero né triste, né felice.

Per pura pigrizia aprii il freezer, presi la Saint-Honoré e decisi di farmi un bignè, uno solo.

Si vedeva però. Meglio fare uno sí e uno no. Sarebbe stata sempre una mancanza ma con il pregio della simmetria.

I bignè, però, non potevano essere la metà delle meringhe, e cosí procedetti a regolarizzare, per disinteressato amore di simmetria.

A quel punto la guarnizione risultava però assai sguarnita, un vorrei ma non posso. Molto piú elegante e dignitosa una disadorna povertà. Cosí feci piazza pulita, dei bignè e delle meringhe. Santo Onorato senza aureola.

Certo che non si era mai vista una Sanit-Honoré piú disonorata. Tanto valeva dare l'affondo e farla finita.

Presi coraggiosamente un cucchiaio da minestra, misi la torta sul tavolo e iniziai a smantellarla, con una foga dettata piú dal bisogno di non vederla piú che dalla golosità.

Con la lingua e le orecchie intontite da un pan di spagna eccessivamente imbevuto di liquore, sentii trillare il telefono. Chi, a quest'ora di notte. Non sarei mai stata in grado di rispondere.

Ma deglutii velocemente, pulii la mano nel canovaccio e mi precipitai al telefono. Perché poi, avrei potuto benissimo non farlo. Nessuno sapeva che ero a casa... solo Giulia. Allora... Staccai il ricevitore:

— Ehilà... — fu il saluto, morbido, vellutato, lungo, avvolgente, come un braccio attorno ai fianchi. Chi era? Ehilà... Ehilà cosí, e io non avevo neanche idea di chi fosse. Non era per me. Certo che non era per me. Meglio riattaccare... — Ciao, sono Ghigo... — Boccheggiai. Gasp, triplo Gasp...

Dopo, avrei vomitato, per essere in qualche modo meno indegna. Ma andai a letto cantando.

Stare da sola, non perché io non volevo intorno nessuno, perché non c'era nessuno, è un'altra cosa che chiudersi in camera e mandare tutti a quel paese.

Sul tavolo solo le cose usate da me, in frigorifero e in dispensa solo le provviste comprate da me, il bagno mai occupato, il telefono a disposizione con nessuno che ascoltava e controllava, nessuno a cui dare del cretino perché voleva vedere una certa cosa alla tele vietandomi di vedere il programma che garbava a me, la cesta della biancheria sporca che si riempiva senza che mai nessuno la svuotasse, il fornello che cuoceva solo quello che io cucinavo, cioè niente.

La Saint-Honoré fu in effetti l'abbuffata massima che mi concessi in quei giorni, anche perché Giulia venne a stare con me, per cinque giorni. E con lei le abbuffate erano di altro genere... di parole, sostanzialmente, Dio quanto riuscivamo a parlare, e di risate, e di canzoni, e di lacrime. Perché Ghigo era lontano e chissà se mai l'avrei rivisto. Perché Ulisse, finalmente mi aveva detto come si chiamava, chissà se mai sarebbe tornato... Con un nome cosí, cosa pretendeva... A meno che si mettesse a tessere.

Mancava solo zia Nenette, ma Psycho non avrebbe sopportato un altro cambio di casa. Pazienza. Certo, perché «La pazienza è compagna della saggezza.» Sottrazione.

Senza famiglia non era male, ma le cose cominciavano ad andare per le lunghe. Nessuna notizia da mio fratello, s'era perso nei suoi atti degli amanti. E neppure dagli altri due. Stavano incominciando ad esagerare... A me facevano di quei mazzi che la metà erano già da Telefono Azzurro, a loro non si poteva dire niente, erano grandi, loro... Come avrei voluto essere come loro, grande, già grande, fuori da ogni tutela!

Ormai erano undici giorni che ero a casa da sola. Anche Giulia se n'era andata a casa per il fine settimana con i suoi. Io avevo voluto rimanere a casa mia, caso mai fosse tornato qualcuno. Sabato sera, ancora estate, a casa da sola, ad aspettare chi… da spararsi in bocca.

Ma venne pietosamente il buio e andai a dormire.

Nel cuore della notte fui svegliata di soprassalto da rumori sospetti. Per fortuna con me c'era Spuma. Quando mi svegliai, lui era già in piedi vicino alla porta. I rumori venivano da dentro casa. Orologio, le due e trenta. I ladri. Spuma, tocca a te, vai e spaventali, fai il cane feroce. Io ti aspetto qui.

Lo mandai fuori dalla porta e mi chiusi dentro a chiave. Paralizzata dalla paura, mi inchiodai come un palo alla porta, un secondo ancora e si sarebbe scatenata la tragedia. Latrati, morsi, brandelli di carne, inseguimenti, denti nelle caviglie, fughe, irruzione nella mia stanza, e la mia fine. Prematura, fatale e violenta. "*Ragazza straziata nella sua abitazione. Quattordici anni e viveva sola. Gli eventuali familiari sono pregati di mettersi in contatto con l'obitorio…*"

Mi stavo giusto gustando le espressioni costernate dei miei genitori chini sulla faccia surgelata, tumefatta e irriconoscibile di me cadavere per morte violenta, quando mi accorsi che quelli che Spuma stava emettendo non erano latrati rabbiosi, ma uggiolii festosi. Ascoltai meglio, era proprio cosí. Ecco, adesso Spuma e qualcun altro con lui si stavano avvicinando alla mia stanza. Gridai. Come un'imbecille. Non so perché, ma gridai.

— Gasp, ma sei tu. Allora c'è qualcuno in questa casa… peccato, no, meglio cosí, volevo dire. Vieni fuori, su, mi spiace deluderti, sono io, solo io, tuo fratello.

Eccolo, il deficiente. Giudicato maturo da ben due mesi, atti degli amanti a piacere, ma la vena dell'imbecillità non accennava ad esaurirsi. Aprii la stanza. Ormai. Spuma coinvolse anche me nella sua danza degli amori ritrovati. Mio fratello mi mise le mani sulle spalle e poi mi abbracciò:

— Ma come hanno potuto lasciarti da sola? E i lupi, non hai mai avuto paura dei lupi e dell'orco? Povera bambina, per fortuna che sono tornato...

— Ce l'ho fatta benissimo, scemo — gli risposi, sferrandogli un pugno sul braccio. — L'unico spavento sei stato tu. Se solo avessi fatto meno casino...

Non mi lasciò finire, mi caricò su una spalla e mi fece fare di corsa tutto il corridoio, con Spuma dietro che scodinzolava e rideva.

Quando tornai a letto, mi accorsi che non mi dispiaceva sapere che qualcun altro dormiva nella casa.

La famiglia mi precipitò addosso tutta di colpo. Da senza famiglia a troppa famiglia. Mai la misura giusta, maledizione.

Non ebbi neppure il tempo di provare com'era abitare da sola con mio fratello.

Lui si era alzato verso le tre del pomeriggio, io gli avevo mostrato la lettera indirizzata anche a lui e i soldi che mi erano rimasti, meno centomila.

— Hai speso cosí tanto, e solo per mangiare, tu, da sola, in poco piú di una settimana?!.. — commentò.

Io allora, punta sull'onore, tirai stupidamente fuori, le centomila che avevo messo in tasca. E il demente:

— Ma come, e tu, in piena età della crescita, hai speso cosí poco per vivere, per la bellezza di quasi quindici giorni... Non ti sarai mica messa in testa di fare la modella, o è pura avarizia?!?

Poi mi prese le centomila e:

— Da oggi si mangia, ragazza. Cucina siciliana. Ho fatto un corso intensivo. Adesso vado a fare la spesa e poi mi metto ai fornelli! — annunciò.

Era in cucina, a friggere tonnellate di melanzane che chissà per quanti giorni ci sarebbero durate e a fare un dolce con la ricotta e i canditi che solo a vederlo allappava la bocca, quando un rumore di gomme sulla ghiaia ci graffiò via la pelle. Erano loro.

Le uniche che si rallegrarono furono le melanzane.

Avrebbero evitato un'indecorosa fine in pattumiera o nel concime biologico.

I primi giorni, in casa, tirò una sospesa aria di tregua.

La famiglia, riunita negli spazi abituali, doveva riassestarsi. Ognuno di noi doveva farlo.

Mio fratello era da sempre il meno coinvolto, e continuò cosí.

Una notte ci sorprendemmo a vicenda. Lui smascherò me nel pieno di un'incursione mangereccia nel frigorifero; io colsi lui nel bello di una telefonata con MariLia, fascia oraria a tariffa agevolata, d'accordo, ma ottanta minuti...

Nessuno dei due disse niente, né all'altro, né ad altri. E cosí si stipulò fra noi una specie di patto di omertà.

Mio padre, in caso di dubbio, continuava ad astenersi. Io cominciavo a sospettare che il dubbio fosse per lui un rifugio, piú sicuro di ogni certezza. Secondo me, dubitava anche dell'aria di tragedia che aleggiava in casa, negli sguardi di mia madre e nei miei silenzi. Era un modo, penso adesso, per rendersela piú sopportabile e meno definitiva, quella tragedia, e per ritagliarsi un piccolo spazio dove c'era posto anche per la speranza.

Tra mia madre e me la tregua durò pochissimo. Non so se per caso o per necessità, ma si infranse in capo a due giorni.

— «Le circostanze piú irrilevanti producono gli avvenimenti piú importanti.» Napoleone. Adunata illustrata — avrebbe commentato zia Nenette.

La circostanza irrilevante che produsse l'avvenimento importante fu il cambio delle lenzuola.

Vuotate le valigie, e lavato e stirato tutto quanto, mia madre passò a dare aria alla casa, a fare grandi pulizie e a cambiare le lenzuola, dopo aver debitamente sbattuto e girato i materassi.

Non ne ero entusiasta, ma non potevo non collaborare.

— Guarda che qui non hai passato il davanzale... Pulisci bene negli angoli, strizza bene lo straccio e sciacqualo, come fai a pulire se hai paura dell'acqua... E non potresti toglierti quegli affari dalle orecchie, io grido come una pazza e tu neanche mi senti... Rimboccati quelle maniche, non vedi che ti arrivano sulle unghie...

... Insomma, la mattina non era stata delle piú facili. Già i lavori di casa non sono uno sballo, quel suo continuo ammaestrare m'aveva dato sui nervi non poco. Meno male che oltre a mia madre, esistevano anche il mio Sony e David Byrne.

Mentre disfacevamo il mio letto, improvvisamente, lei puntò il dito sul lenzuolo di sotto e sul retro del cuscino.

— E queste macchie? Che cosa sono?

Io la guardai senza capire. Boh.

Lei si portò al naso i corpi del reato e li annusò:

— Olio. Olio rancido. Perché, Gasp? — mi chiese, agitandomi sotto il naso federa e lenzuolo.

— Boh.

— Come boh?! Mangi a letto! Ancora, di nuovo! Avrai rovinato anche il materasso. Tanti sacrifici e non è cambiato nulla, nulla! — cercava di controllare il tono di voce, ma si stava alterando. — Lasciate che vada al mare da sola, e va bene. Lasciate che torni e non vi trovi, d'accordo proviamo anche questa. Lasciatele autonomia e responsabilità, come no. Ed eccolo il bel risultato. Ci ritroviamo al punto di partenza, anzi peggio. E io che ho fatto sforzi sovrumani per starti lontana, per non cercare di sapere quando tornavi, per non mandarti messaggi, per non essere qui ad aspettarti... e tutto per cosa, per ritrovarti come prima? No. No. No. E invece siamo daccapo. Adesso però faccio di testa mia. Basta esperti, basta stare a guardare e avere fiducia. Non ne posso piú!

Sarebbe stato cosí semplice, se il nostro rapporto fosse stato meno compromesso, cosí semplice sarebbe stato confessarle:

— … non prendertela, mamma, è solo la focaccia di Ghigo, sai, l'ho conosciuto al mare, adora Leonard Cohen e Janis Joplin, ne ho tenuto un pezzo sotto il cuscino, in questi giorni in cui ero sola, per tenermi compagnia e non avere paura. Si è sbriciolata sotto il cuscino, le briciole le ho raccolte con la lingua, della macchia non mi sono proprio accorta…

Sarebbe bastato cosí poco… E mi avrebbe fatto cosí felice dire ad alta voce il nome di Ghigo. Ma lei era l'unica persona con la quale nulla era semplice, per me.

E allora:

… Ma pensa quello che vuoi, non ho niente da dirti, mi ascoltai dire dentro di me, senza rabbia.

Non era il caso di sprecare energie.

Ma fu un salto all'indietro.

Ero cresciuta, ma non per lei.

E sarebbe stato cosí per sempre, non avevamo scampo.

C'era qualcosa tra lei e me, qualcosa come di andato a male, non saprei dire di preciso cosa, ma so che aveva il potere di infiltrarsi ovunque e rovinare tutto. Io so di aver desiderato, certe volte, di essere diversa, di reagire in modo diverso, di riuscire a tacere, o a parlare, o a dire altre cose da quelle che stavo dicendo… Quando l'atmosfera era normale, quante volte ho fatto le prove e ho visto che, via, non era poi cosí difficile essere in un altro modo, un po' piú gentile, meno polemica… E invece no, nel momento critico toccavo con mano la mia impossibilità a fare diversamente.

Qualcosa tra noi (e solo tra noi, perché lei con gli altri era un'altra, e io pure) ci impediva una storia normale.

So di averla odiata fino a sognarla, vederla, volerla morta. So di averla amata fino a non voler essere mai nata, fino a voler morire io.

Ogni volta che ci penso, ho la sensazione che il rapporto con mia madre andrà avanti cosí, un po' contorto, senza mai risolversi del tutto.

Ma forse questa è anche la sua forza, la sua dannata qualità.

È come se qualcosa si fosse rotto all'inizio, cosa dove quando come perché boh?!, come se un anello, chissà quale e non si sa per colpa di chi, non avesse tenuto: un amore nato male, insomma, e continuato allo stesso modo.

Io non posso dire che il legame tra me e mia madre non ci sia, non posso proprio.

Lei ha sempre da ridire su di me, per tutto, dai vestiti ai capelli, dagli amici ai gusti, da come studio a come parlo a come taccio... Io alzo le spalle e faccio quella che se ne frega, ma ci sto male, covo rancore e appena posso la ripago.

Quando mi approva, non succede quasi mai, faccio piú o meno lo stesso: alzo le spalle e faccio quella che non gliene può importare di meno, ma mi fa piacere, lo so. Non voglio riconoscerlo, mi dà fastidio sentire quanto conta per me la sua approvazione, e sto ben attenta a non farglielo capire.

Forse non fa che criticarmi perché le è piú facile che approvarmi, le viene piú naturale, e anch'io forse sono, con lei, piú pronta al conflitto che all'armonia.

Sento che ha come paura a venirmi vicino, a toccarmi. Da tempo non la bacio. Solo nei momenti comandati: arrivi, partenze, compleanni, e di sfuggita. Guai non rispettare la forma, guai andare oltre.

Una specie di amore un po' tossica.

Ma, coi veleni, il problema è la dose.

Per questo sono partita. E sono in Francia, ad Annecy, a frequentare il mio quarto anno di liceo linguistico.

Volevo l'inglese di Londra o di Edimburgo, ho avuto il francese di Annecy. Prendere o lasciare. Ho preso. Anche perché quello che volevo piú di tutto era andarmene.

A casa ho lasciato tutti benissimo. La mia decisione è stata una salvezza generale.

Mio fratello è riuscito a far venire la sua bella ad abitare a casa nostra, con la scusa dell'Università al nord.

I miei ne sono piú che felici: le bollette telefoniche sono tornate ad essere accettabili e MariLia si è rivelata la figlia modello dei loro sogni. Buon per loro. Si vede che ne avevano bisogno. Io invece non cerco sostituti.

Spuma ha fatto i cuccioli con Nizzi. Sono nati a fine giugno, due mesi prima della mia partenza. Sono venuta via tranquilla: a quei quattro botoli biondi non poteva andare meglio, con due genitori come Nizzi e Spuma. Fossero capitati a me!...

Ghigo non c'è piú, nel senso che abbiamo preso strade diverse. Gli ho scritto delle lettere lunghissime per un po' di mesi. Alle prime lui rispondeva con delle cartoline, strane, ben scelte. Poi deve essersi spaventato. E ha cominciato a non rispondermi piú. Io sono andata in crisi, allora, ma adesso lo capisco. Dovevo essere un tal peso a quei tempi!!...

Giulia invece c'è sempre. È lei la mia amica del cuore. Anche se è pazza. Riesce ad essere fidanzata con quattro tizi nello stesso tempo: con Ulisse perché quando lo sente suonare le viene da piangere, con Emanuele perché è un figo, con Andrea perché è dolce e gentile, con Federico perché è geniale e trasgressivo... Le voglio bene da morire, ma mi fa una rabbia certe volte!...

Chi manca? Certo, come no, zia Nenette, la mitica!

Quando sono andata a trovarla prima di partire, mi ha salutato con queste due perline:

— «Quello che schiaccia i vili non abbatte i coraggiosi.» El Medjdoub. Il trittico. — E: — «C'è un tempo per la vicinanza e un tempo per l'allontanamento.» Scarti rivelatori.

E cosí eccomi, nel tempo dell'allontanamento. Tre settimane di euforia, le prime tre, e poi crisi nera, nerissima. In dieci giorni ha fatto fuori tutti i soldi che dovevano bastarmi per tre mesi. Cibo.

Mangiavo, vomitavo, dormivo, non scambiavo una parola con nessuno. Sono arrivata al punto d'aver nostalgia di casa, io...!

A quel punto ho deciso di darmi una mossa. Stare male è cosí faticoso, e anche una gran noia...

E poi, che ne so... saranno stati i colori d'ottobre sul lago... o questa piccola città cosí dolce da passeggiare... o l'aver fatto domanda di iscrizione a un corso pomeridiano di disegno per cartoni animati e essere stata accettata... o l'aver conosciuto Jerome.

In italiano sarebbe Gerolamo... quasi come Gaspara. Qui invece è Jerome. E Gasp pronunciato da lui suona quasi dolce...

Io disegno e lui scrive le storie.

È bello trovarlo al mattino che mi aspetta per andare a scuola, è bello camminare insieme e parlare.

Lui riesce a farmi sentire bene senza dirmi che mi ama.

Io forse lo amo e forse no... non lo so e non me ne importa.

Comunque, per la cronaca:

Oggi è il 10 febbraio e non vomito esattamente dal 14 ottobre.

Sono stata scelta per far parte del gruppo che disegnerà la sigla per il prossimo festival del cinema d'animazione di Annecy e

ho baciato Jerome
sulla bocca
aperta.
!!!

Indice

CARTOLINA DI ASSOCIAZIONE

MONDO JUNIOR

Sei appassionato di libri Junior? Ti piacciono le storie e i personaggi delle sue Collane? Allora rispondi alle domande che trovi qui sotto e spedisci subito questa Cartolina: riceverai a casa un pacco sorpresa pieno di fantastici regali! E poi, diventerai automaticamente Socio di **MONDOJUNIOR**, il Club dedicato a chi, come te, “va pazzo per gli Junior”. Inoltre, se aggiungerai solo 5000 lire in francobolli, potrai ricevere ogni tre mesi la rivista del Club che ti parla di cinema, musica, natura, sport, viaggi, giochi, fumetti e che ti fa incontrare tanti nuovi amici! Presto, spedisci questa cartolina e sarai anche tu dei “nostri”!

(si prega di scrivere in stampatello)

a) Quali sono i due Junior che ti sono piaciuti di piú?

1. ____________________

2. ____________________

b) Quali fra questi generi ti interessano?

- [ ] Fiaba
- [ ] Umorismo
- [ ] Giallo
- [ ] Natura
- [ ] Storia
- [ ] Horror
- [ ] Avventura
- [ ] Fantascienza
- [ ] Storie al femminile

c) Quanti Junior hai letto fino ad oggi? ____________________

COGNOME ____________________ NOME ____________________

VIA ____________________ N. ______ TEL. ____________________

CAP ______ CITTÀ ____________________ PROV. ______

DATA DI NASCITA ____________________ M [ ] F [ ]

DATA ____________________ FIRMA ____________________

Desidero ricevere la rivista **MONDOJUNIOR** per un anno e allego 5000 lire in francobolli.

Da compilare e spedire in busta chiusa a:
MONDOJUNIOR, Servizio Abbonamenti - Casella Postale 1812
20102 Milano.

La cartolina vale fino al 30-04-98 e solo per il territorio italiano.

Cod. 767 1100468101

88-04-42617-9
97/J
2